国家自然科学基金项目（71962022）

江西省社会科学规划项目（19GL39）

江西省高校人文社会科学研究项目（GL19243）

江西省教育科学规划项目（19YB014）

# 农户农资
# 锁定购买行为

## 理论与实证

Theory and Research
of Farmers' Lock-in Purchasing Behavior
of Agricultural Materials

孙娟 著

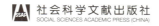

社会科学文献出版社
SOCIAL SCIENCES ACADEMIC PRESS (CHINA)

# 摘　要

在相对封闭的社会网络和相对稳定的购销关系情境下，农户往往会长期频繁购买某特定农资品牌产品或惠顾某特定农资零售店，这种意识和行为被界定为锁定购买行为模式。由于农资购销市场和乡村社区文化的特殊性，锁定效应已成为农资交易市场中广泛存在的社会现象。然而，现有顾客行为理论研究主要关注顾客满意度、顾客忠诚行为等方面，探究主动购买的内部因素对顾客购买意愿和行为的影响，却忽略了顾客所处的特定市场环境和社区文化等外部因素的潜在作用，鲜有对顾客被动购买行为这一有趣现象的系统性理论探究。

本书为摆脱大多数研究偏重顾客内部因素分析的窠臼，立足当前农资购销环境及乡村社会关系情境，首先以购买行为理论、农户行为理论等相关文献为依据，综合运用文献分析、因子分析、方差分析、回归分析及结构方程模型等研究方法，明确界定了锁定购买行为新概念；其次以农户特征为切入点探索分析了农户农资锁定购买行为的主要模式，从直接因素、购买情境等方面实证探究了农户农资锁定购买行为的影响因素，重点从情境因素视角构建并检验了农户农资锁定购买行为的形成机理模型；最后研究探讨了农村电商发展新情势下农户农资锁定意识对在线购买模式的影响机制。

（1）不同农资锁定购买行为的农户特征研究表明：户主人口统计特征、家庭经营特征、购买特征对农户农资锁定购买行为具有不同的影响，品牌锁定购买行为和零售店锁定购买行为在当前农资购销市场中同时存在。其中，倾向于品牌锁定购买的农户多为男性、年龄稍大、文化程度较高、家庭农业年均收入较高、耕作年限较长、拥有耕地面积较小、对农资购买的重视程度较高、购买种子品牌产品等；倾向于零售店锁定购买的农户多为女性、年龄稍小、文化程度较低、家庭农业年均收入较高、耕作年限较短、拥有耕地面积较大、对农资购买的重视程度较高、购买农药品牌产品等。

（2）农户农资锁定购买行为的影响因素研究表明：在农户的两种锁定购买行为影响因素中，情境因素的综合效应均明显大于直接因素的综合效应；在品牌锁定购买行为影响因素中，功能价值的影响力度最大，社会规范、交易依赖关系和感知差异化这些情境因素次之，感知风险和感知成本的影响最弱；在零售店锁定购买行为影响因素中，人情关系质量的影响力度最大，交易依赖关系、社会规范和感知差异化这些情境因素次之，零售商形象、商品形象、声誉形象、服务形象等直接因素的影响较弱。

（3）农户农资锁定购买行为的形成机理研究表明：品牌感知价值、零售店感知形象对农户农资锁定购买行为具有直接影响，并通过感知差异化和交易依赖关系而产生间接影响；人情关系质量能显著正向影响零售店锁定购买行为；社会规范能正向调节品牌感知价值与品牌锁定购买行为、零售店感知形象与零售店锁定购买行为之间的关系。此外，不同区域农户农资锁定购买行为模式与形成路径存在差异。在乡村社会网络封闭性和购销关系稳定性均较低的山东省，农户主要表现为低品牌锁定、低零售店锁定的购买行为模式，直接因素的影响效应较大；在乡村社会网络封闭性和购销关系稳定性均较为居中的湖北省，农户主要表现为低品牌锁定、高零售店锁定的购买行为模式，直接因素和情境因素的影响效应均较大；而在乡村社会网络封闭性和购销关系稳定性均较高的四川省，农户主要表现为高品牌锁定、高零售店锁定的购买行为模式，情境因素的影响效应较大。

（4）农户农资锁定意识对在线购买模式的效应机制研究表明：锁定意识通过信息处理模式的中介作用而对农户农资在线购买模式产生显著影响；由品牌锁定意识所引发的分析式处理模式对自主购买模式产生显著的正向影响，而由零售店锁定意识所引发的启发式处理模式对代理购买模式产生显著的正向影响；情境脆弱性在调节分析式处理模式与农户农资在线购买模式间关系时呈现削弱效应，在调节启发式处理模式与农户农资在线购买模式间关系时呈现强化效应。

本书扎根于农资市场和乡村社会的特殊情境，详细论述和深入探究了农户农资锁定购买行为的影响因素、形成机理及效应机制，其理论贡献在于：从顾客所处的外部情境视角明确界定了锁定购买行为新概念，并将其划分为品牌锁定和零售店锁定两种行为模式，是拓展和深化顾客购买行为理论的一种有益尝试；重点从购买情境方面探讨了农户农资锁定购买行为的形成机理，揭示了农户被动选购农资产品成因的"黑箱"；以信息处理模式为切入点阐释了农户农资锁定意识对在线购买模式的效应机制，重构了乡村社会网络情境下农户农资在线购买模式的解释机制。而其实践意义在于：研究结论所提出的依据顾客自身特征和购买行为特征采取差异化的营销策略、实施"品牌建设"和"店铺管理"的双向营销策略、合理利用情境因素在农户农资购买行为中的作用等建议，对农资企业提高顾客满意度和忠诚度、增强自身核心竞争力具有直接参考价值，对政府部门宏观调控和有效管理农资市场、优化农资市场环境、改善农户选购农资产品的客观条件、促进农资产业健康发展具有重要借鉴意义。

**关键词：**农户锁定购买行为　交易依赖关系　感知差异化社会规范　农资购销

# Abstract

In the relatively closed social network and relatively stable transactional relationship environment, farmers usually repurchased a particular brand product of agricultural material or patronized a particular store of agricultural material frequently in a long term. We defined this phenomenon as Lock-in Purchasing Behavior Pattern. Because of the particularity of agricultural materials market and rural social environment, the lock-in effect has been the popular phenomenon in agricultural materials market. However, the existing customer behavior theory research mainly focus on customer satisfaction, customer loyalty behavior to explore the influence of active-buying internal factor on customer purchase intention and behavior, but it ignores the potential effects of external factors, such as customer's specific market environment and community culture. It rarely analyses and researches this interesting and new phenomenon of customer's passive purchasing behavior.

To this end, we tried to get rid of the emphasis on customer's internalization factors like the most of research, based on the current agricultural materials procurement environment and rural social relations situation and some related articles such as purchasing behavior theory and farmer behavior theory. By some research method such as Document Analysis, Factor Analysis, Variance Analysis, Regression Analysis and Structural Equation Model, we definitely defined the concept of Lock-in Purchasing Behavior, explored the most mode of Lock-in Purchasing Behaviors from the point of farmers' characteristics, analyzed the direct and situational factors of Lock-in Purchasing, built a formation mechanism model of Lock-in Purchasing Behaviors from the point of situational factors, lastly discuss the mechanism of farmers' lock-in awareness of agricultural materials affect the online purchasing mode in the environment of e-commerce in the rural.

The research of farmers' characteristics analysis of different Lock-in Purchasing Behavior Pattern of agricultural materials shows that: householder's characteristics, family management features, purchasing characteristic had a different effect on Lock-in Purchasing Behaviors, Lock-in Brand Purchasing Behavior and Lock-in Store Purchasing Behavior exist simultaneously in agricultural materials market. Otherwise, the groups which tend to Lock-in Brand Purchasing Behaviors are the farmers who are males, older, higher education, higher family agricultural incomes, longer cultivating years, fewer cultivated area, the more importance of purchasing, buying the seed products; the groups which tend to Lock-in Store Purchasing Behavior are the farmers who are females, younger, lower education, higher family agricultural incomes, shorter cultivating years, more cultivated area, the more importance of purchasing, buying the pesticide products.

The research of driving factors of farmers' lock-in purchasing behavior of agricultural materials shows that: firstly, of all this two lock-in purchasing behaviors' factors, direct factors and situational factors had a significant effect on farmer's lock-in purchasing behavior, but the synthetical effects of situational factors were significantly greater than the direct factors; secondly, of lock-in brand purchasing behavior's factors, brand's functional value had the most impact, closely followed by social norms, trade dependency and perceived differentiation of situational factors, the impact of brand perceived risk and perceived cost were weakest; thirdly, of lock-in store purchasing behavior's factors, the quality of human relationship had the most impact, closely followed by trade dependency, social norms, perceived differentiation and other situational factors, the impact of retailer image, product image, reputation image, service image of direct factors were weakest and convenience image had no significant effect.

The research of formation mechanism of farmer's Lock-in Purchasing Behavior of agricultural material products shows that: brand perceived value, retail perceived image had direct and indirect effects on farmer's Lock-in Purchasing Behavior, both the indirect effects were generated by a positive impact by the mediate function of perceived differentiation and trade dependency; the quality of human relationship had the positive impact on Lock-in Store Purchasing Behavior; social norms both could positively regulates the relationships between brand perceived value and Lock-in Brand Purchasing Behavior and the relationships between retail perceived image and Lock-in Store Purchasing Behavior. In addition, there are significant differences of lock-in purchasing behaviors' impact pathways and behavior mode among different regions. Farmers in Shandong province behaved as lower lock-in brand purchasing behavior and lower lock-in store purchasing behavior, the direct factors had a greater impact; farmers in Hubei province behaved as lower lock-in brand purchasing behavior and higher lock-in store purchasing behavior, the direct factors and situational factors both had a great impact; farmers in Sichuan province behaved as higher lock-in brand purchasing behavior and higher lock-in store purchasing behavior, the situational factors had a greater impact.

The research of the mechanism of farmers' lock-in awareness of agricultural materials affect the online purchasing mode shows that: firstly, farmers' lock-in awareness had an impact on the online purchasing mode by the mediate function of information processing model; secondly, the analytical processing mode generated by lock-in brand awareness had a positive effect on independent purchasing mode and the heuristic processing mode generated by lock-in store awareness had a positive effect on agent purchasing mode; thirdly, situational vulnerability positively regulated the relationships between analytical processing mode and independent purchasing mode and negatively regulated the relationships between heuristic processing mode and agent purchasing mode.

Based on the current agricultural materials procurement environment and rural social relations situation, we detailedly discussed and go deep into the driving factors, formation mechanism and influencing mechanism of Lock-in Purchasing Behavior. It has a big theory contribution: firstly, we defined the concept of Lock-in Purchasing Behavior from the point of situational factors and divided it into Lock-in Brand Purchasing Behavior and Lock-in Store Purchasing Behavior according to the different locked objects, it is an useful attempt to deepen purchasing behavior theory; secondly, we built a formation mechanism model of Lock-in Purchasing Behaviors from the point of situational factors, opening the "black box" of the cause of farmers' passively buying the agricultural materials; thirdly, we built the mechanism of farmers' lock-in awareness of agricultural materials affect the online purchasing mode from the point of information processing model, rebuilding the explanation facility of farmers' online purchasing mode of agricultural materials. It has a big practical value: it provide a lot of useful advice for agricultural materials company to improve customer satisfaction and loyalty and raising the core competitive ability, such as implementing differentiation marketing strategy based on customer and behavioral characteristics, implementing brand and store management, rationally utilizing the role of situational factors on farmers' purchasing behavior of agricultural materials. It have an important exploring meaning to guide the government to effectively manage the agricultural materials market and improve the objective conditions of farmers' purchasing behavior of agricultural materials and promote the healthy development of agricultural materials industry.

**Keywords:** Farmers' Lock-in Purchasing Behavior; Trade Dependency; Perceived Differentiation; Social Norms; Agricultural Materials Marketing

# 第一章

# 导　论

## 第一节　农户农资锁定购买行为现状

### 一　农户农资锁定购买行为的发现

在快节奏的信息时代，认准品牌或商场已成为众多顾客在不愿或已疲于付出更多时间和精力的情况下购买安全、可靠产品时所选择的一种重要的购买方式，这种现象在农资市场中普遍存在。由于农户普遍种植规模小、农资购买呈现季节性，更为重要的是，随着农村剩余劳动力的转移，农业收入占其家庭收入的比重逐渐下降，农户在购买农资产品时的介入度也明显下降，强化了农户购买的非专家性特征，也加强了品牌对农户购买的引导作用（张蒙萌等，2013）。另外，相对于城市商场售卖者与购买者的关系而言，在相对封闭和狭小的农村社会环境中，农资零售商处于销售关系网络的核心地位（俞芳等，2013），农户与农资零售商的互动更为频繁和紧密。这种密切的人际关系既能为所购买的农资产品带来较高的质量保障（张闯等，2011），又使得农户对农资产品的购买在一定程度上被限制在较小的空间范围内和与零售商的人际关系之中，因而出现频繁购买特定品牌产品或长期惠顾特定零售店的行为。这种由买卖关系相对固定和选择受限的情境而造成的农户长期购买某品牌产品或惠顾某零售店的意识和行为被界定为锁定购买行为模式（孙娟、李艳军，2014）。

锁定购买行为类似于习惯性或重复性购买行为，但两者又有所区别。一方面，锁定购买行为是在未深入搜集信息的情况下所形成的一种长期购买某品牌产品或多次惠顾某商场的购买方式，具有习惯性或重复性购买行为迅速购买、低介入的特点（Posselt and Gerstner，2005）；另一方面，锁定购买行为强调顾客对某品牌或商场的持续性购买或惠顾可能是出于满意而产生的"有意识忠诚行为"，也可能是由于主观转换惰性或客观转换成本过高而采取的"无意识忠诚行为"（Dick and Basu，1994；张言彩、韩玉启，2007），而习惯性或重复性购买行为只是一种惰性忠诚（Assael，1987），顾客购买并不是因为特别偏爱某品牌或商场，而是出于某种难以改变的习惯，属于"无意识忠诚行为"。锁定购买行为也不完全等同于顾客忠诚行为。尽管锁定购买行为既可以表现为偏好购买的态度忠诚（狭义的顾客忠诚行为），也可以表现为惰性购买的行为忠诚（如习惯性或重复性购买行为），看起来类似于态度或行为层面上的广义的顾客忠诚行为。但与强调主观性态度忠诚的顾客忠诚行为不同（Oliver and Richard，1997），锁定购买行为因个体被动或主观依赖某品牌或零售店而更强调行为忠诚。在交易双方关系稳定性更高、选择受限性更大的情境下，这种固有的依赖性致使锁定购买行为在行为层面上对特定品牌产品或特定零售店的长期购买或惠顾倾向更为明显。因此，锁定购买行为与习惯性或重复性购买行为、顾客忠诚行为有着明显的区别。

　　然而，现有顾客行为理论研究主要关注顾客满意度、顾客忠诚行为等方面（谢佩洪等，2011；邓爱民等，2014；郑秋莹等，2014；杨浩熊等，2015），探究主动购买的内部因素对顾客购买意愿和行为的影响，却忽略了顾客所处的特定市场环境和社区文化等外部因素的潜在作用，对顾客被动购买行为这一有趣现象的理论探讨较少，有关顾客锁定购买行为的实证研究更少。那么，农户锁定购买行为有哪些主要模式？是看重品牌还是更看重零售店？影响农户产生不同锁定购买行为模式的因素有哪些？是对特定品牌或零售店的满意导致的顾客忠诚或主动选择因素较多，还是转换成本过高或选择受限导致的被动依赖因素较多？这些主要因素是如何影响农户锁定购买行为的？农户锁定购买行为的形成机理是什么？在农村电商发展的新趋势下，农户原有的锁定意识又会对其在线购买模式产生什么不同影响？由于本书所探讨的农户锁定购买行为产生于乡村社会网络情境之下且购买对象主要为农资产品，而农资产品及其交易市场、乡村社会关系网络均具有一定的特殊性，因此完全利用现有理论解释这一购买行为可能导致研究者忽视至关重要的情境因素。

　　鉴于此，本书试图摆脱大多数研究偏重顾客内部因素分析的窠臼，立足于当前农资购销环境及乡村社会关系情境，首先，以顾客锁定、购买行为等相关文献为理论依据，在深入剖析锁定购买行为表现特点、形成原因等基础上，明确界定和划分了农户农资锁定购买行为的概念与类型；其次，以农户特征为切入点实证分析不同锁定购买行为农户群体之间的差异性，探讨揭示了农户农资锁定购买行为的分异规律；再次，重点从直接因素、情境因素等方面研究凝练影响锁定购买行为形成的主要因素，初步验证了农户农资锁定购买行为影响因素的理论模型；复次，调查探究各情境因素对锁定购买行为的影响机制，实证研究了农户农资锁定购买行为的形成机理；最后，从双系统信息处理模式视角探讨证实了农户农资锁定意识与在线购买模式之间的因果关系，有效解释了农户农资锁定意识对在线购买模式的效应机制。研究结论对重构乡村社会网络情境中农户农资锁定购买行为这一中国本土现象的解释机制具有探索性的理论价值，对农资企业制定有效的营销管理策略以吸引和维持顾客、政府机构制定相应的政策以优化农资市场环境和促进农资产业发展具有建设性的现实意义。

## 二 本书理论与实践目标

本书通过全面系统地梳理顾客锁定、购买行为等相关文献，采用理论演绎、问卷调查等定性或定量研究方法，主要选取山东省、湖北省、河南省和四川省等东中西部地区农户为调查对象，试图探究农户农资锁定购买行为的影响因素、形成机理及效应机制，对学界丰富现有顾客关系及行为理论、农资企业制定有效的营销管理策略及政府机构深化农村流通体制改革具有重要的探索价值。为此，本书将主要通过以下几方面的实证探索来实现其理论或实践目标。

（1）基于顾客锁定等相关理论及农资购销市场、乡村社会关系的特定情境，采用文献分析法明确界定农户锁定购买行为概念；在回顾总结习惯性购买、重复性购买及顾客忠诚行为等顾客行为理论的基础上，采用理论演绎法归纳凝练农户农资锁定购买行为的主要影响因素，从而为后续实证研究的开展奠定坚实的基础。

（2）运用组间方差分析法，从农户特征出发，分析探究户主人口统计特征、家庭经营特征、购买特征与农户农资锁定购买行为之间的因果关系，从而明确区分农户农资锁定购买行为的主要模式类型，同时为农资企业实施顾客差异化营销策略提供科学的依据。

（3）采用线性层次回归分析法，重点从直接因素、购买情境等方面实证探究和比较不同锁定购买行为的影响因素，从而实证归纳农户农资锁定购买行为的关键影响因素，同时为农资企业制定有效的顾客维持战略提供可靠的数据。

（4）运用结构方程模型及路径分析法，探寻构建各主要因素对农户农资锁定购买行为的影响机制，并比较分析不同锁定购买行为模式之间和同一锁定购买行为模式在不同区域之间的差异性，从而深入挖掘农户农资锁定购买行为的内在机理，同时为政府部门优化各区域农资市场环境提供理论支撑。

（5）采用路径分析和交互效应分析法，从双系统信息处理模式视角探讨农户农资锁定意识对在线购买模式的效应机制，并深入揭示情境脆弱性在农户农资在线购买模式形成中的边界作用，从而重构农户农资在线购买模式的解释机制，同时为政府部门建立健全顾客保障体系提供借鉴性启示。

## 三　本书对学界与市场的意义

本书扎根于农资市场和乡村社会的特殊情境，围绕"农户农资锁定购买行为"的研究主线，实证构建了农户农资锁定购买行为影响因素的理论模型，对比分析了不同锁定购买行为及其在不同区域之间形成机理的差异性，重构解释了农户农资锁定意识对在线购买模式的效应机制，这对丰富现有顾客关系及行为理论、指导农资企业和政府机构有效运营或管理农资市场具有重要的理论和现实意义。

1. 对学界的理论意义

农资产品是农户农业生产的重要资料，这决定了农户购买农资产品是一种派生需求，具有组织购买的部分特性，但由于产品认知水平的有限性，作为农资产品购买者和使用者的广大农户的购买行为又有较为明显的非专家性特征，因此农户购买农资产品行为具有与大众市场终端消费者所不同的情境性和复杂性，尤其是在当前农资购销市场的特定环境下。农户农资锁定购买行为的产生与具有同质性、内部性和相对封闭性的乡村社会网络结构密切相关，忽视农资购销市场及乡村社区文化等外在因素可能导致研究者无法很好地解释农户农资锁定购买行为形成的真正动因与内在机制，因此重点从外部情境视角来探究农户农资锁定购买行为的影响因素、形成机理及效应机制就显得十分必要。本书在清晰界定锁定购买行为概念的基础上，详细论述和深入探究了农户农资锁定购买行为的影响因素、形成机理及效应机制，为丰富现有顾客关系及行为理论做出了探索性的理论贡献。

（1）在当前乡村社会网络和农资购销市场的特定情境中首次界定了"锁定购买行为"这一构念，明确划分了锁定购买行为的主要模式。本书将买卖关系相对固定和选择受限造成的农户长期购买某品牌产品或惠顾某零售店的意识和行为界定为锁定购买行为模式，这一概念的清晰界定可以更合理有效地解释顾客被动购买的有趣现象，为顾客行为理论的发展提供了一个新的研究情境。

通过科学的实证探索，本书依据锁定对象把锁定购买行为分为品牌锁定和零售店锁定两种不同的购买行为，这一明确划分使得探索分析顾客群体之间行为特征的差异变得更有意义，从而丰富和拓展了现有购买行为理论。

（2）尝试构建了锁定购买行为影响因素及形成机理的理论分析框架。本书较为全面系统地提炼了锁定购买行为的影响因素，包括品牌感知价值、零售店感知形象这些直接因素，感知差异化、交易依赖关系、人情关系质量、社会规范这些情境因素。这些因素的凝练有效揭示了农户为何更被动地选购农资产品这一普遍现实问题背后的关键动因，是对顾客购买行为理论体系的补充和完善。本书深入挖掘了各因素对锁定购买行为的效应机制，为顾客被动购买现象提供了一个更贴近现实的理论解释，从而深化和发展了现有顾客购买行为理论。

（3）在农资传统市场和电商交易相互渗透的新情势下探索发现了农户农资锁定意识对在线购买模式的效应机制，重构了农户农资在线购买模式的解释机制。本书实证检验了农户农资锁定意识与在线购买模式间的因果关系，揭示了双系统信息处理模式的中介作用、情境脆弱性的边界作用，为深入理解农资市场锁定效应对农户农资在线购买模式的影响提供了一个新的解释思路，同时是对顾客锁定购买行为理论的重要运用。

2. 对市场的现实意义

从 2008 年《中共中央 国务院关于切实加强农业基础建设进一步促进农业发展农民增收的若干意见》到 2017 年《中共中央 国务院关于深入推进农业供给侧结构性改革加快培育农业农村发展新动能的若干意见》，中共中央一号文件连续十年聚焦"三农"问题，可见农业、农村和农民的发展是关系到我国经济和社会稳定发展全局的重大问题。作为农户农业重要的再生产资料，农资产品使用效果的好坏直接关系到农作物收成数量的多少和质量的高低，其购买决策对农户农业生产水平和经济生活收入具有重大影响。当前农资购销市场的发展状况和乡村社会文化的特定情境为我们研究农户购买行为带来了很多有趣的新现象。探究农户农资锁定购买行为的内在机理，将为我国农资企业的品牌营销实践提供新的发展思路，对促进我国农资市场经济的繁荣发展具有重要的现实意义。

顾客是企业生存和发展的动力和源泉。农户是农资产品的主要购买者和使用者，如何稳定和保留农户这一庞大的顾客群体始终是农资企业顾客关系管理的重要内容。由于乡村社会网络结构的相对封闭性和农资购销关系的相对稳定性，锁定效应已成为农资交易市场中广泛存在的社会现象。对于农资企业而言，顾客锁定可以使企业维持和发展与农户群体之间的长期交易关系，导致其他同行竞争者难以获得更多的客户资源，从而提高品牌和企业的整体影响力并获得更高的经济利益和更强的竞争优势。因此，探讨和研究农户农资锁定购买行为的形成机理及效应机制将对农资企业制定合理有效的产品营销和顾客维持战略具有一定的管理启示：①有关锁定购买行为主要模式的实证研究将为农资企业依据顾客自身特征和购买行为特征采取差异化营销策略提供可靠的数据支持；②有关锁定购买行为影响因素的实证研究将为农资企业采取"品牌建设"和"店铺管理"双向营销策略提供科学的理论支撑；③有关锁定购买行为形成机理的实证研究将使农资企业更注重情境因素在农户农资购买行为中的合理利用。

　　然而，顾客锁定效应使得农户对农资产品和农资零售店的选择在一定程度上被限制在较小的空间范围内，其购买行为决策并不完全是出于较高的产品满意度和忠诚度，可能是转换成本过高或选择受限等客观条件限制导致的。这种顾客被动选择的状况不利于农户自主购买想要的农资产品，也不利于更多更好的农资品牌产品在农业生产中发挥更大的作用，进而不利于农资产业及农业生产行业的整体健康发展。因此，相关政府部门需要制定合理的产业发展政策以有效弱化封闭的乡村社会关系网络与农户选择受限之间的联系。而深入研讨农户农资锁定购买行为的形成机理及效应机制，可为政府机构有效管理农资市场、宏观调控农业经济的整体发展提出可借鉴的对策和建议：① 有关锁定购买行为形成机理的实证研究将为政府机构采取因地制宜的措施来优化农资市场环境提供科学的理论支持；② 有关农户农资锁定意识对在线购买模式效应机制的实证研究将使得政府机构更注重通过建立适应农资电商发展的市场规范和服务体系来保障农民网购的相关权益。

## 第二节　本书主要内容与结构框架

### 一　主要内容

本书主要内容将围绕以下几个方面来重点展开。

（1）不同农资锁定购买行为的农户特征研究，具体内容包括：实证研究户主人口统计特征、家庭经营特征、购买特征对农户农资锁定购买行为的不同影响，对比分析不同锁定购买行为农户群体之间的差异性，从而科学揭示农户农资锁定购买行为的分异规律。

（2）农户农资锁定购买行为的影响因素研究，具体内容包括：从品牌感知价值、零售店感知形象这些直接因素，特别是感知差异化、交易依赖关系、人情关系质量、社会规范这些情境因素，实证探析不同因素对农户农资锁定购买行为的影响，从而提炼农户农资锁定购买行为的影响因素。

（3）农户农资锁定购买行为的形成机理研究，具体内容包括：深入探究各影响因素对农户不同锁定购买行为的作用路径，并实证比较不同锁定购买行为模式之间和同一锁定购买行为模式在不同区域之间的差异性，从而构建农户农资锁定购买行为的产生机理模型。

（4）农户农资锁定意识对在线购买模式的效应机制研究，具体内容包括：从双系统信息处理模式视角检验探究农户农资锁定意识与在线购买模式的因果联系，实证分析不同锁定意识下农户农资在线购买模式形成路径的差异性，并揭示情境脆弱性在农户农资在线购买模式形成中的边界作用，从而重构农户农资在线购买模式的解释机制。

## 二 结构框架

本书共分七章，除第一章"导论"外，其他章节内容与结构安排如下。

第二章：理论回顾与文献综述。系统梳理国内外"锁定"相关词组的定义，理论总结"锁定"的基本内涵和特征，结合农资市场的乡村环境，明确界定锁定购买行为概念的具体含义，并辨析锁定购买行为与其他顾客购买行为之间的联系与区别；全面回顾习惯性或重复性购买行为、顾客忠诚行为影响因素的相关理论文献，归纳凝练可能影响农户锁定购买行为的前置因素，从而提出本书的理论模型和基本命题。

第三章：不同农资锁定购买行为的农户特征研究。围绕"农户农资锁定购买行为的主要模式""不同农资锁定购买行为产生的个人因素"等主题，该章节通过对山东省和湖北省种植户的问卷调查，实证检验了户主人口统计特征、家庭经营特征、购买特征与农户农资锁定购买行为之间的因果关系，比较分析了不同农资锁定购买行为农户群体之间的差异性。

第四章：农户农资锁定购买行为的影响因素研究。围绕"农户农资锁定购买行为的主要影响因素""各因素对农户农资锁定购买行为的不同作用"等主题，该章节依据山东省寿光市和湖北省潜江市、仙桃市的农户资料实证检验了品牌感知价值、零售店感知形象、感知差异化、交易依赖关系、人情关系质量、社会规范对农户农资锁定购买行为的影响，并对比探究了各影响因素在农户农资锁定购买行为形成中的不同作用。

第五章：农户农资锁定购买行为的形成机理研究。围绕"农户农资锁定购买行为的形成路径""不同区域农户农资锁定购买行为模式与形成路径的差异性"等主题，该章节运用山东省、湖北省和四川省等地区农户调研数据对农户农资锁定购买行为的形成机理模型进行了实证检验，比较了不同锁定购买行为模式之间和同一锁定购买行为模式在不同区域之间的差异。

第六章：农户农资锁定意识对在线购买模式的效应机制研究。围绕"农资传统市场和电商交易交织情境下农户农资锁定意识对在线购买模式的影响机理""情境脆弱性对农户农资在线购买模式的边界作用"等主题，该章节从信息处理模式视角实证分析了不同锁定意识下农户农资在线购买模式形成路径的差异性，并揭示了情境脆弱性在农户农资在线购买模式形成中的边界作用。

第七章：本书总结与展望。全面系统总结通过定量研究方法所得出的主要研究结论，根据相关研究结论有针对性地提出对农资企业产品营销和政府机构宏观调控的重要启示，指明本书研究的不足之处和未来研究方向。

# 第三节　本书研究方法与技术路线

## 一　研究方法

### 1. 数据调研方案

（1）调查区域：以山东省寿光市等东部地区，河南省柘城县和湖北省潜江市、仙桃市等中部地区，四川省成都市大邑县、双流区和邛崃市等西部地区为主要调查区域。这些地区分别地处或靠近华北平原、江汉平原和成都平原地带，均是我国粮食作物和经济作物的重要生产基地，这四个省也是传统典型的农业经济生产大省，方便和保证了研究者能收集到足够的、翔实的数据资料。

（2）抽样方案：采取2（锁定购买行为：品牌锁定/零售店锁定）×3（社会关系网络：相对开放/半封闭/相对封闭）组间设计，从而形成6类农户农资锁定购买行为情境类型，运用典型抽样法在上述调查区域内就这6种购买情境各选定3~4个符合标准的乡镇进行重点调查；每个乡镇选择2~3家农资零售店进行现场观察，并对若干零售商、村干部和农户进行了解调查；按照随机抽样原则，每个村庄或乡镇各抽取 20 ~ 30 名农户进行问卷调查。共计重点调查乡镇 20 个左右，观察农资零售店 50 家左右，完成农户问卷调查 500 份左右，从而保证了样本的多样性和代表性。

2. 资料分析方法

（1）探索性因子分析与验证性因子分析法：运用 SPSS 17.0 统计软件对品牌感知价值、零售店感知形象、人情关系质量、感知差异化、交易依赖关系、社会规范、锁定购买行为等变量量表进行探索性因子分析，初步检验各测量工具的收敛效度；运用 AMOS 17.0 统计软件对调查所得的问卷数据进行验证性因子分析，再次检验各变量量表的收敛与区别效度，并在此基础上修正本书的测量量表与模型。

（2）异质性效应模型与组间方差分析法：依据社会关系网络的开放程度，将样本农户分为相对开放、半封闭、相对封闭三组，用异质性效应模型分析各组农户农资锁定购买行为形成路径的异同；依据锁定购买行为模式将样本农户分为品牌锁定购买和零售店锁定购买两组，用组间方差分析法比较不同锁定购买行为农户群体特征之间的差异性。

（3）分层线性回归模型与交互效应分析法：采用分层线性回归模型检验各直接因素和情境因素对农户品牌或零售店锁定购买行为的不同影响，以提炼农户农资锁定购买行为的影响因素；采用交互效应分析法检验情境脆弱性在信息处理模式影响农户农资在线购买模式中的调节作用，以深究农户农资在线购买模式的调控机制。

（4）结构方程模型与生成路径分析法：通过分析检验品牌感

知价值、零售店感知形象、人情关系质量、感知差异化、交易依赖关系与锁定购买行为之间的逻辑关系，实证构建农户农资锁定购买行为的形成机理模型。

### 3. 量表开发方法

本书量表的开发均采用或借鉴了国内外相关文献中普遍使用的测量量表，并在此基础上进行多次再修订而成。首先，将国外相关量表进行"双语翻译"以最大限度保证翻译后的量表不改变原来量表的语句意义，对国内量表则尽可能多地保留初始量表中的测量语项，同时根据乡村农民生活和农资购销环境的实际情况对部分语句进行适当地修正，从而形成本书的初始测量量表。其次，采用德尔菲法组织小组访谈和专家讨论，征求营销学和消费者行为学研究领域几位专家和学者对本书量表语项的相关意见，在不改变原量表基本内容和结构的前提下进一步完善各量表语项的测量内容。最后，研究人员在湖北省武汉市周边地区组织多次预调查，在对回收的有效问卷进行探索性因子分析之后剔除各题项中因子负荷系数在 0.5 以下的语项，调整部分含义不明或存在歧义的项目，并再次邀请相关专家仔细鉴别各变量内涵和测项之间的一致性，最终确定能达到本书目的的正式调查问卷。

## 二 技术路线

本书的技术路线见图1-1。

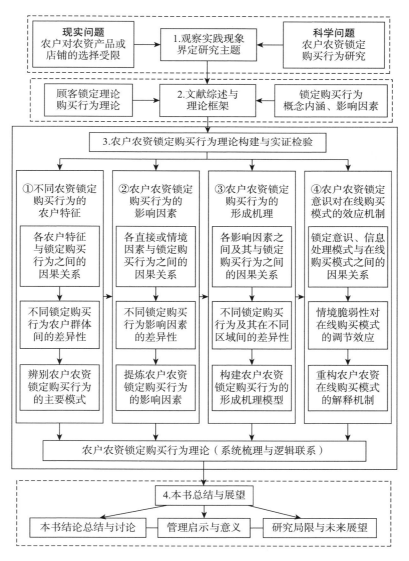

图1-1 本书技术路线

# 第四节　本书创新之处

本书在深入分析农资购销市场和乡村社会关系特殊性的重要基础上，以顾客锁定、购买行为等相关文献为理论支撑，初步探索了农户农资锁定购买行为的主要模式，实证分析了农户农资锁定购买行为的主要影响因素，构建检验了农户农资锁定购买行为的形成机理模型，重构解释了农户农资锁定意识对在线购买模式的影响机制，其研究创新点如下。

（1）从顾客所处的外部情境视角发现了农户锁定购买行为的有趣现象，研究情境有新意。国内外现有顾客行为理论研究主要关注顾客满意度、顾客忠诚行为等方面，探究主动购买的内部因素对顾客购买意愿和行为的影响，却忽略了顾客所处的特定市场环境和社区文化等外部因素的潜在作用，对顾客被动购买行为这一有趣现象的理论探讨较少。本书试图摆脱大多数研究偏重顾客内部因素分析的窠臼，立足当前农资购销环境及乡村社会关系情境，明确界定了"锁定购买行为"这一新概念，并依据锁定对象将其划分为品牌锁定和零售店锁定两种行为模式，探究分析了农户农资锁定购买行为的内在机理，是拓展和深化顾客购买行为理论的一种有益尝试。

（2）重点以感知差异化、交易依赖关系等情境因素为关键逻辑点深入探寻农户农资锁定购买行为的形成路径，研究思路独特。农户农资锁定购买行为产生于相对封闭的社交网络和相对稳定的购销关系这一特殊情境之中，这种乡村社会关系结构和农资购销市场环境的特殊性决定了农户农资锁定购买行为形成机制的复杂性，仅分析影响因素将无法很好地解释农户农资锁定购买行为这一特殊现象背后的真正动因和形成规律。然而，现有顾客购买行为相关理论均未重点从情境要素深入分析顾客被动购买的形成机理。本书就主要从购买情境方面探讨研究了农户农资锁定购买行为的形成机理，揭示了在当前乡村社会网络的特定情境下农户被动选购农资产品成因机制的理论"黑箱"。

（3）基于信息处理模式理论构建检验农户农资锁定意识对在线购买模式的效应机制，研究视角有创意。锁定效应已是我国传统农资市场中广泛存在的社会现象，其长期存在使得农户在选购农资产品时逐渐形成一种被动性或习惯性的锁定意识，这种传统的锁定意识必然影响农户农资在线购买模式的选择，从而影响我国农村电商战略的实施和发展。将农户农资锁定意识纳入在线购买模式选择与行为意愿的分析框架之中，将更契合农户在线购买农资产品的农村实际。本书以农资传统市场和电商交易相互渗透为研究背景，探索阐释了农户农资锁定意识对在线购买模式的影响机制，揭示了情境脆弱性在农户农资在线购买模式形成中的边界作用，对重构乡村社会网络情境下农户农资在线购买模式等本土现象的解释机制具有重要的探索价值。

## 第五节　本章小结

本章围绕"农户农资锁定购买行为"的研究主题，首先，深入分析了农户农资锁定购买行为产生的农资市场和乡村社会环境的特殊性，并以此实践背景引出了本书的主要议题；其次，以深入探究农户农资锁定购买行为的内在机理为核心，明确阐述了本书的主要目的，从理论贡献和实践价值两方面详细说明了本书的重要意义；再次，系统提炼了有关农户农资锁定购买行为的核心内容，并在此基础上合理安排了本书的结构框架；复次，从数据调研方案、资料分析方法、量表开发方法三方面介绍描述了本书的研究方法，清晰勾画了本书的技术路线图；最后，在系统梳理主要研究内容的基础上，从研究情境、研究视角等方面阐明总结了本书的创新之处。

# 第二章

# 锁定购买行为的理论梳理

## 第一节　锁定购买行为概念

### 一　锁定购买行为的核心内涵

"锁定"（Lock-in）源自 Arthur（1988）对技术创新问题的研究，后来该词被广泛应用在各学科领域之中，不同学科的学者和专家从不同的角度对"锁定"进行了重新组词，并赋予其更多的词义，现将在中国知网资源总库以"锁定"为主题检索的相关词组的含义归纳如下（见表 2-1）。

表 2-1　有关"锁定"词组的不同定义

| 角度 | 词组 | 学者 | 定　义 |
|---|---|---|---|
| 经济学 | 低端锁定 | 卢福财、胡平波（2008） | 在全球价值网络条件下，跨国公司利用核心能力来约束中国企业的知识创造与企业能力的提升，造成部分中国企业长期处于无核心能力的经营地位，从而迫使其在全球价值网络体系中长期处于价值创造的低端地位 |

续表

| 角度 | 词组 | 学者 | 定　　义 |
|---|---|---|---|
| 经济学 | 技术锁定 | 谢来辉（2009） | 由于能源技术的投资周期较长而陷入一种被动停滞状态，即技术和技术系统沿着特定的路径发展，使得摆脱该路径越来越困难，成本越来越高昂，结果它们在更长的时间里趋于维持存在状态，而抵制潜在的更加优越的技术及技术系统的竞争 |
| | 锁定效应 | 黎开颜、陈飞翔（2008） | 对外开放将有利于中国初始发展阶段的资源越来越多地被配置到经济体中，这些相对低层次的要素资源的配置使得转变这种发展模式变得非常困难，因而技术发展轨迹呈现路径依赖的特征 |
| 管理学 | 顾客锁定 | 雷思友（2007），张素华（2008） | 一种持续的交易关系，它是经济实体为了特定目的、在特定交易领域通过提高顾客转换成本的方式，与交易伙伴所形成的排他性稳定状态 |
| | 认知锁定 | 买忆媛、熊婵（2012） | 团队成员联系紧密，成员对团队内部认知处于无异议状态 |
| 社会学 | 碳锁定 | Unruh（2000） | 对化石能源系统高度依赖的技术使政治、经济、社会与其结成一个"技术—制度综合体"，并不断为这种技术寻找正当性，为其广泛商业化应用铺设道路，结果形成了一种共生的系统内在惯性，导致技术锁定和路径依赖，阻碍替代技术（零碳或低碳技术）的发展 |

资料来源：根据相关文献整理。

基于表 2-1 中词组的内涵，可以总结"锁定"的基本特征：①长期性，由于内在惯性或外在压力而在某一段相当长的时间范围内保持稳定状态；②依赖性，外在资源条件的限制，迫使未来的发展受到现在选择的约束而高度依赖特定的路径；③排他性，因高度且难以改变的依赖性，当前陷入一种停滞状态并抵制其他可能的发展。这三个基本特性与本书所研究的乡村社会中农户所形成的对特定品牌或零售店的长期购买或惠顾的非自愿行为特征高度吻合，因此本书将"锁定"概念与农户这种特定的购买行为相结合，界定其为锁定购买行为模式，并深究锁定购买行为在营销学中的具体含义。

然而，在理论界，将"锁定"纳入营销学理论研究领域的文献并不多见。当前主流趋势是把锁定现象置于网络经济的具体环境中，研究消费者不得不成为某产品或服务的永久客户这一经济现象出现的原因、影响及对策。当购买对象从一种产品转换到另一种产品的成本非常高时，用户就面临着锁定。由于信息产品的差异性，购买方在使用其他替代产品时发生了额外的成本，从而产生了重新选择的阻碍（陈平路，2003），引发了对某产品的锁定行为。锁定是一个动态的过程，其生成周期由品牌选择、品牌适用、品牌确立和品牌锁定四个阶段组成（刘怀伟、贾生华，2003）。根据转换成本来源，锁定可以分为合同式锁定、耐用产品型锁定、特定产品的学习培训型锁定、专门供应商型锁定、基于搜索成本的锁定、基于顾客忠诚计划的锁定六种类型（易英，2005）。从信息网络的宏观背景上看，这种网络经济下产品锁定的现象是由网络外部性、信息积累增值性、网络产品互补性、网络正反馈性所决定的（丁涛、刘霞，2006）。从信息产品和用户的微观行为上看，锁定产生的根源在于基础设施的固定性、配套产品的周期性、信息产品消费的时段性、信息产品的使用权与所有权分离、用户的习惯性（周磊，2006）。可见，一般性意义的"锁定"就是指商家在特定的领域内，通过一定的方式使消费者对于现有的产品或服务具有较高的转换成本，不愿意或不能够转换使用其他品牌的产品或服务，从而达到对交易对象的持续的排他性的获得与保有状态。

在一般性"锁定"概念的基础上，根据农资市场交易的特性以及乡村社会特有的情境，本书从购买者的角度对"锁定"含义进行了修正，并将锁定购买行为定义为相对封闭的社会网络和相对稳定的购销关系导致的农户对特定农资品牌或零售店的某种被动或主观依赖，表现为在较长时间内频繁购买某特定品牌产品或惠顾某特定零售店的行为。为更严谨、方便地探究本书研究问题，本书所探讨的农资产品主要为一般农户进行农业生产时所需的大众物质资料（如种子、农药、肥料等）。

## 二　锁定购买行为的基本特征与概念区分

由于选择受限或相对稳定购销关系的特殊情境，锁定购买行为在购买情境上不同于其他类型的顾客购买行为，在形成原因上不同于一般性的锁定情境，在行为表现上也不同于其他相似的顾客购买行为。具体来说，我们可以发现锁定购买行为具有以下特点。

（1）顾客锁定购买行为产生于相对封闭的社会网络和相对稳定的购销关系这一特殊的购买情境中，它直接导致了顾客对品牌或零售店的被动性或主观性依赖。在这种情境下，顾客面对着有限的产品选择和稳定的购销关系，无法像其他大众市场的顾客一样拥有很多品牌和零售店的选择，与其他购买行为的产生存在本质差异。

（2）顾客被锁定的直接原因在于对品牌或零售店的被动性或主观性依赖。被动性依赖是指由于顾客本身知识经验匮乏、可选择范围有限、转换成本过高等条件限制，无论满意与否都不得不购买现有品牌或惠顾现有零售店的无可奈何心理，与一般性"锁定"意义相同。而主观性依赖是指出于对现有品牌或零售店的满意而产生的忠诚性购买心理，这种忠诚性可能源自偏好购买的态度忠诚（狭义的顾客忠诚行为），也可能源自已疲于付出更多时间和精力去选择的惰性行为忠诚（习惯性或重复性购买行为），不同于一般性"锁定"中顾客处于被动地位的情境。

（3）锁定购买的表现是顾客与一个（家）或多个（家）特定品牌或零售店保持长期性交易关系，具有时效性、一个或多个对象、购买频率较高等特点，与习惯性或重复性购买行为及顾客忠诚行为在最终表现上极其相似。但与习惯性或重复性购买行为不同的是，锁定购买行为可以是主观性依赖的行为忠诚购买行为（习惯性或重复性购买行为），可以是主观性依赖的态度忠诚购买行为（狭义的顾客忠诚行为），还可以是被动性依赖的纯锁定购买行为。而习惯性或重复性购买行为在心理上强调主观性依赖，在结果上强调行为忠诚。与顾客忠诚行为不同的是，尽管在结果上两者皆可表现为态度忠诚或行为忠诚，但锁定购买行为出自某种被动性或主观性依赖，而顾客忠诚行为要求顾客对某产品或服务满意并显示一种明显的购买意图，在心理上强调主观性依赖。有关以上相似概念之间的联系与区别，现归纳为表2-2。

表2-2　锁定购买行为与其他顾客购买行为之间的联系与区别

| 类型 | 基本概念 | 购买情境 | 形成原因 | 行为表现 | 联系 |
|---|---|---|---|---|---|
| 习惯性或重复性购买行为 | 消费者未做信息收集与商品评估，就重复购买（惠顾）某品牌（零售店）的行为 | 开放的社会网络 | 主观性依赖 | 强调行为忠诚 | 均具有时效性、一个或多个对象、购买频率较高等特点 |
| 顾客忠诚行为 | 顾客承诺在未来一贯地重复购买所偏好的产品或服务，因此产生对同一品牌（零售店）的重复购买（惠顾）行为 | 开放的社会网络 | 主观性依赖 | 态度忠诚和行为忠诚 | |

| 类型 | 基本概念 | 购买情境 | 形成原因 | 行为表现 | 联系 |
|------|----------|----------|----------|----------|------|
| 一般性纯锁定购买行为 | 消费者因较高的转换成本而不愿意或不能够转换使用其他产品或服务，从而形成对现有交易对象的持续性购买状态 | 封闭的社会网络或稳定的购销关系 | 被动性依赖 | 强调行为忠诚 | |
| 锁定购买行为 | 因对品牌或零售店的某种被动性或主观性依赖而长期频繁购买某特定品牌产品或惠顾某特定零售店的行为 | 相对封闭的社会网络和相对稳定的购销关系 | 被动性或主观性依赖 | 态度忠诚或行为忠诚 | |

资料来源：根据相关文献整理。

因此，锁定购买行为概念的核心在于顾客对一个（家）或多个（家）特定品牌或零售店的长期性购买或惠顾，而不论是处在什么状态下、出于何种原因。从这个意义上讲，习惯性或重复性购买行为、顾客忠诚行为都类似于锁定购买行为在某个层面上的表现形式。

## 第二节 锁定购买行为影响因素

### 一 被动性依赖下顾客锁定的影响因素

在营销学等相关领域，大多数学者研究的是网络经济下顾客锁定机制和策略的问题，罕有对顾客锁定影响因素的系统研究。由于顾客形成锁定购买行为的主要考虑因素是转换成本，符合一般性纯锁定购买行为的情境，因此本书首先回顾和总结了被动性依赖下顾客锁定的影响因素，分为直接影响因素和间接影响因素。

顾客锁定的直接影响因素是转换成本，是一种摩擦转换，它衡量了顾客对某供应商的锁定程度（刘怀伟、贾生华，2003）。所谓转换成本，就是购买方使用另一个信息产品时必须付出的额外成本，由显性成本和隐性成本构成。其中，显性成本是需要支付的产品售价即购买成本；隐性成本是购买和使用过程中所耗费的时间和精力（Jones et al. , 2002）。Von Weizsäcker（1984）和 Paul Klemperer（1987）最早研究了厂商对消费者的锁定问题，他们都将消费者的转换壁垒归结为经验效应导致的转换成本。Paul Klemperer（1987）从经验品的角度将转换成本解释为学习成本、交易成本（更换供应商所面临的风险以及交易费用）和机会成本。Shapiro 和 Varian（2000）认为，转换成本是形成顾客锁定的主要原因，是合约成本、培训与学习成本、数据转换成本、搜寻成本和忠诚度成本的集合。

顾客锁定的间接影响因素是网络外部性与从众效应。网络外部性引发的兼容性策略、标准制定等将引起顾客转换成本的变化；从众效应引发的企业促销、造势宣传等将引起顾客心理成本的变化。Katz 和 Shapiro（1985）分析了网络外部性引发的顾客转换成本与产品兼容性策略的关系，由于系统中的不同组件是由不同的制造商以不同的生产方式和商业模式制造出来的，不同组件之间的不兼容会引发大量的顾客转换成本。张素华（2008）分析了在企业宣传营销活动中从众效应发挥的重要作用，它通过改变顾客转换成本中的心理成本的大小，使企业在情感上牵绊消费者。

## 二　主观性依赖下顾客锁定的影响因素

以上有关顾客锁定的理论只是对一般性意义的"锁定"在网

络经济背景下的探究，而关于其他意义的锁定购买行为影响因素的问题还没有得到全面的解答且有关该问题的文献有所欠缺。鉴于习惯性或重复性购买行为、顾客忠诚行为与主观性依赖层面上的锁定购买行为中顾客主动性行为情境类似，因此有必要对习惯性或重复性购买行为、顾客忠诚行为的相关文献进行系统梳理。对顾客购买行为主要影响因素相关文献进行梳理，结果汇总为表 2-3。

表 2-3　顾客购买行为主要影响因素

| 角度 | 影响因素 | 相关学者 |
| --- | --- | --- |
| 顾客 | 人口统计特征 | Vikas and Wagner（2001），黄劲松等（2004） |
| | 产品认知水平 | Moorman et al.（2004），梁邦利（2011） |
| | 顾客满意度 | 陈明亮（2003），黄劲松等（2004），何卫华（2009） |
| | 主观心理因素 | 李艺、马钦海（2007），Meixner and Knoll（2012） |
| 商家 | 服务质量 | 黄劲松等（2004），Bansal et al.（2005） |
| | 商家声誉 | 宝贡敏、徐碧祥（2007），刘彧彧等（2009） |
| | 商品特征 | 周文辉、刘丽蓉（2007），刘顺忠（2015） |
| 品牌 | 感知价值 | Jackie L. M. Tam（2004），Villanueva and Hanssens（2007），Vogel and Mitchell（2008），何卫华（2009） |
| | 品牌特征显著度 | 黄劲松等（2004），谢毅、彭泗清（2012） |
| 其他 | 社会规范 | Todd et al.（2003），郭俊贤（2012） |
| | 关系信任（质量） | Palmatier et al.（2006），Thorsten et al.（2002），Thomas et al.（2011） |
| | 转换成本 | 史有春、刘春林（2005），李东进等（2007），刘辉、宋福丽（2009） |

国内外相关研究显示，顾客是否会形成习惯性或重复性购买行为及顾客忠诚行为受到很多因素的影响，但主要集中于人口统

计特征、产品认知水平等顾客因素，服务质量、商家声誉等商家因素，感知价值、品牌特征显著度等品牌因素，以及社会规范、关系信任（质量）等其他因素。依据特定社会网络情境下购销关系的特殊性，本书重点梳理了以下主要影响因素：主体因素，包括人口统计特征、产品认知水平、尝新心理；直接因素，包括品牌感知价值、零售店感知形象；情境因素，包括感知差异化、交易依赖关系、人情关系质量和社会规范。因为这些因素可能是影响锁定购买行为形成的重要因素。

1. 主体因素

（1）人口统计特征。人口统计特征对顾客重复购买意愿有显著影响，包括性别、年龄、文化程度、职业、收入、婚姻状况等（Vikas and Wagner，2001）。不同个人特征的消费群体在顾客忠诚行为上存在很大的差异，因为这种忠诚可能是消费者所固有的特性，它将超越具体的品牌而呈现一致性（Bennett，2002）。如高产品认知水平的顾客拥有更明显的重复购买、溢价支付、口碑传播的倾向，进而产生更高的品牌忠诚度；尝新心理强烈的消费者趋向于选择多样化的品牌或服务，因而对某个品牌或服务的顾客忠诚度较低。

（2）产品认知水平。产品认知水平是指消费者对产品或服务的了解和认识程度（吴剑琳等，2011），能显著影响顾客对产品或服务的初始信任及购买态度（马钦海等，2012）。Brucks（1985）认为，产品知识包括主观知识、客观知识和经验知识。Hutchinson（1987）则将品牌知识划分为品牌熟悉度和专门知识两大类。Mccort 和 Malhotra（1993）将产品认知分为知晓、属性知识与价格知识三类：知晓是指消费者对产品品牌的熟悉程度；属性知识是指消费者对产品属性的了解；价格知识是指消费者关于特定品牌产品的绝对价格与相对价格的认知。我国学者严浩仁和贾生华（2004）认为顾客产品认知水平可分为品牌熟悉度、专业知识和产品经验。其中，品牌熟悉度是指顾客对品牌知识了解的自信程度，对顾客消费决策的影响较大；专业知识是指储存于顾客记忆中信息的多寡、形式与组织的方式，能客观地指明顾客实际拥有的产品知识；产品经验是指顾客对产品或服务质量的先验知识和信息。

（3）尝新心理。尝新心理是指面对新型产品或服务，消费者为了满足其追求新颖和体验新事物的心理需求而购买该新型产品或服务的心理动机。具有冒险、创新特质的消费者通常会对新产品产生新奇、独特的兴趣和新鲜感，他们购买产品只是因为产品"新""奇""异"而并无其他功能性因素的考虑，也不惜花费大量的时间和金钱在相关产品或信息的搜集和学习上，是新产品的最早购买者和使用者（Yang et al.，2020）。新产品刚一上市，就能因技术或设计等方面的新颖而引起这类消费者的注意，满足他们追求新奇、喜爱尝试的心理，从而进一步驱动并使其产生购买和消费行为（Sheth et al.，1991）。

2. 直接因素

品牌感知价值、零售店感知形象直接影响顾客再次购买的意愿和行为（赵卫宏，2010）。品牌感知价值是指消费者在对感知到的利益与获取产品时所付出的成本进行权衡的基础上对某产品效用的综合评价（Zeithaml，1988），感知价值越高越能引发顾客的忠诚行为；零售店感知形象是指一个由消费者所知觉到的商店有形的功能性要素与无形的心理性要素组成的混合体（Graciola et al.，2020），一旦形成就会在较长的时间内保持稳定并持续影响消费者以后的商店选择行为。

（1）品牌感知价值。品牌感知价值的核心是感知利得与感知利失之间的权衡，当感知利得大于感知利失时感知价值就高，反之则低（张燚等，2010）。有关其构成要素的理论主要有二维论、四维论和五维论。Zeithaml（1988）从利得与利失两方面研究了产品与顾客感知价值的关系，认为感知利得包括感知质量、产品属性及其他相关高层次抽象概念，感知利失包括货币因素与非货币因素（如精力、时间、风险等）；Sweeney 和 Soutar（2001）分析了耐用品的顾客感知价值，将其分为功能价值质量因素、功能价值价格因素、社会价值和情感价值四个维度；王永贵和贾鹤（2007）则认为顾客感知价值应由功能价值、社会价值、情感价值和感知利失构成；Sheth 等（1991）提出了包括功能性价值、社会性价值、情感性价值、认知性价值和情景性价值在内的顾客消费价值模型。依据农资产品的特性，本书主要从功能价值、感知成本和感知风险来考察品牌感知价值。

（2）零售店感知形象。零售店感知形象是一个多维度整体概念，由众多相关因素组合而成。宋思根（2006）认为零售店铺形象是消费者购物的物质环境，我国零售店铺形象可以用商品形象、氛围形象、价格形象和便利形象来概括。汪旭晖（2008）开发了大型综合超市店铺形象量表，涉及便利性形象、店铺环境形象、商店设施形象、人员服务形象、店内商品形象、价格形象、广告促销形象和售后服务形象这八个维度。胡洋（2007）将店铺形象因素总结为便利形象、商品形象、价格形象、服务形象、氛围形象、设施形象、广告促销形象、组织形象、集聚形象和周边店铺形象这十个因素。吴锦峰（2009）认为商店声誉、便利性、购物环境、商店设施、人员服务、店内商品、价格感知、广告促销、售后服务等因素对消费者商店选择有明显影响。杨宜苗（2009）总结前人研究结论，认为影响店铺形象较大的因素为商品形象、服务形象、价格形象、便利性形象、促销形象、气氛形象、设施形象和声誉形象。本书主要选取零售商形象、服务形象、商品形象、便利性形象及声誉形象来探讨零售店感知形象。

### 3. 情境因素

顾客重复购买和忠诚行为在很大程度上会受到多种情境因素的影响，不同地区的社会背景和环境不同，从而形成不同的消费观念和购买行为。

（1）感知差异化。感知差异化会导致购物感知价值的不同，其产生的价值归类记忆直接影响支付意愿与惠顾行为（Babin, B. J. and Babin, L. A. , 2001）。感知差异化是指消费者对零售企业差异化行为的主观感知与评价，是零售企业差异化个人层面的反映（Chaudhuri et al. , 2009）。它可以是总体层次的感知，即顾客对购物过程多因素差异化的综合感知；也可以是分解层次的感知，即对购物过程中各要素差异化的感知，如产品品牌感知差异、零售店服务感知差异。其中，产品品牌感知差异包括产品质量、性能等功能性价值属性和价格、时间、信誉等社会性价值属性的差异化程度；零售店感知差异包括商品质量、零售价格、服务质量、店铺声誉等零售组合要素的差异化程度。

（2）交易依赖关系。交易依赖关系是买卖活动中重要的社会因素，体现了情境中关系特征对信任行为的影响（Chua et al. , 2008），而交易双方的信任又能明显增加顾客的重复购买行为。交易依赖关系是指当交易关系双方为了实现自己的目标而依赖对方的资源，从而致力于保持一个成功的二元关系。它可分为依赖性总额和依赖性非对称性两种模式：依赖性总额，即交易双方相互依赖性之和（成员 A 对成员 B 的依赖性加上成员 B 对成员 A 的依赖性）；依赖性非对称性，即交易双方相互依赖性之差（成员 A 对成员 B 的依赖性减去成员 B 对成员 A 的依赖性）。

（3）人情关系质量。人情关系是社会投资或交易支持的重要资源，良好的人情关系质量可以有效促进顾客忠诚行为的形成（Li et al.，2019）。人情关系质量是指消费者对买卖双方人情关系强度的总体评价，即人情关系的亲疏远近程度（陈维政、任晗，2015）。它内涵丰富、构成复杂，学者们对其构成维度有不同的划分方法。Lee 和 Dawes（2005）在访谈中国香港和内地经理人的研究结果中发现，人情关系质量包括保留面子、互惠、感情、信任和互动这五个要素。Ramasamy 等（2006）则将人情关系质量划分为信任、关系承诺和交流三个维度。Wang 等（2007）给出了人情关系质量的三个维度——回报、面子和感情。本书采用 Wang 等（2007）的观点，通过探究感情、回报和面子三个维度来分析人情关系质量。

（4）社会规范。社会规范能很好地解释参照群体对个体行为决策产生的影响作用，是个体采取行为时对社会压力的感知（陈慧等，2015）。消费者在评估新产品或服务时，除了受到自身经验态度的影响，还会受到周围群体的影响，可能出现依附意见领袖或顺从多数人意见的行为（李先国等，2012）。当消费者与周围群体的行为不一致时，群体压力会迫使其最终采取这一行为以获得周围人群的认可（Todd et al.，2003）。社会规范可分为描述性规范和命令性规范。描述性规范是指个体感知到的重要个体或群体的行为；命令性规范是指个体对参照群体的购买行为赞成与否的判断。

# 第三节 各影响因素与锁定购买行为的关系

虽然锁定购买行为产生于相对封闭的社会网络和相对稳定的购销关系这一特殊的购买情境，与开放性大众市场上其他购买行为存在本质差异，但其表现是顾客对一个（家）或多个（家）特定品牌或零售店的长期购买或惠顾，与习惯性购买行为、重复性购买行为及顾客忠诚行为极其相似。因此，习惯性购买行为、重复性购买行为或顾客忠诚行为的影响因素在很大程度上也可能作用于锁定购买行为。本书就参考和借鉴上述相关行为理论，同时结合农资购买的特殊情境，主要从主体因素、直接因素和情境因素三方面来演绎推导各影响因素与锁定购买行为之间的因果关系，从而归纳锁定购买行为的影响因素。

## 一 主体因素与锁定购买行为的关系

### 1. 人口统计特征

不同性别、年龄、文化程度、经济状况的顾客在重复购买或品牌忠诚行为上有明显的差异。研究表明，女性顾客通常比男性顾客拥有更高的品牌忠诚度（Ingrassia and Patterson，1989），因为女性更倾向于有规律的生活习惯从而更容易产生品牌忠诚；顾客品牌忠诚度与其年龄存在正相关关系，因为年龄越大的消费者越不愿意去冒险，越容易形成一种固定的行为习惯从而越有可能产生品牌忠诚；在相同的满意度下，教育程度较低的顾客的重复购买意向较强（Vikas and Wagner，2001），因为他们辨别消费风险的能力较低，需要通过对安全、放心产品的长期品牌忠诚来规避购买风险（陆娟、张东晗，2004）；高收入者为保证生活质量而表现出更多的品牌忠诚行为，可能是迫于生活压力而没有时间收集更多的产品信息，也可能是需要通过固定消费某些品牌来显示自己的社会地位。因此，人口统计特征对农户锁定购买行为可能存在显著的影响。

2. 产品认知水平

顾客的产品认知水平会影响服务质量和顾客忠诚度的关系（吴东晓，2003），消费者对某种产品或服务质量的理解和判断在一定程度上直接取决于对产品或服务的了解程度，这进而决定了他们的购买态度和行为（梁邦利，2011；胡海清等，2012）。缺乏产品经验的新顾客通常会依赖市场口碑、与营销人员的沟通、企业多样化的有形线索等来增加对产品的购买信心，从而形成不确定的期望（严浩仁，2005），影响消费者的购买决策。品牌熟悉度（EXP）和产品专业度（SUB）反映了顾客产品认知水平，它通过这种累积的消费经历和储存的消费信息来影响消费者决策过程的每一个环节（Moorman et al.，2004）。因此，产品认知水平对农户锁定购买行为可能存在显著的影响。

3. 尝新心理

尝新心理程度的高低可能超越具体产品或服务的体验感受而导致不同的消费行为。尝新心理程度较高的顾客具有喜爱尝试、冒险和创新等特质，他们通过不断地尝试新事物来满足自己强烈的好奇心理，并非出于质量、价格等理性因素的考虑，因而过时的或已被体验过的产品或服务无法吸引他们的眼球，不断更换新的产品或服务才能使他们获得更大的购买效用。相对于尝新心理程度较低者而言，尝新心理程度较高的顾客对购买风险的承受能力较强，能在新事物的学习和体验上付出较大的代价，因而其品牌转换意愿较强、顾客忠诚度较低（Meixner and Knoll，2012）。因此，尝新心理对农户锁定购买行为可能存在显著的影响。

## 二　直接因素与锁定购买行为的关系

### 1. 品牌感知价值

品牌感知价值是顾客购买的前因，对顾客重复性购买行为有直接作用，能增强顾客的顾客忠诚行为。Jackie L. M. Tam（2004）、Villanueva 和 Hanssens（2007）研究发现，顾客感知价值相对于顾客满意而言更能引发再次购买行为。董大海和金玉芳（2004）通过实证证明了顾客感知价值是产生顾客忠诚的重要前因，认为顾客感知价值对顾客行为倾向有显著的积极影响。何卫华（2009）也指出，顾客在某产品或服务中所感知的价值越高，其未来重复购买的意向越强。王崇等（2007）研究结果表明，消费者对产品利益及风险的感知会影响顾客感知价值，并最终影响消费者的购买意愿和决策。因此，品牌感知价值对农户锁定购买行为可能存在显著的影响。

### 2. 零售店感知形象

零售店感知形象是影响消费者购买决策最重要的因素之一，由商店本身所营造的实体表征气氛将激发消费者情感上的价值知觉，进而影响其购买决策（Bansal et al.，2005；常亚平等，2011）。当消费者对商店整体感知较好时，就会激发较高的商品价值知觉和人际互动服务品质知觉，降低心理成本知觉和时间成本知觉，因而产生较高的惠顾意愿（Kaled et al., 2010）。研究表明，服务质量对顾客忠诚有直接而根本的影响（侯旻、吴小丁，2008；常亚平等，2014）。周文辉和陈晓红（2008）发现，商店形象中的商品陈列、商品质量、员工服务、商品品种和价格是影响顾客满意的重要因子，而硬件设施和购物环境对顾客满意的影响很小。而顾客满意能直接导致顾客忠诚行为的发生（陆娟，2007；谢鸿飞、赵晓飞，2010）。刘晓燕（2010）实证结果表明，商店形象与顾客忠诚直接相关，影响顾客忠诚的因素主要有服务形象、声誉形象、购物便利和商品形象以及促销形象。贺爱忠和李钰（2010）也发现，商店形象可通过感知风险间接影响品牌信任，进而影响购买意愿。因此，零售店感知形象对农户锁定购买行为可能存在显著的影响。

## 三 情境因素与锁定购买行为的关系

### 1. 感知差异化

顾客感知差异化程度越高，满意的产品或服务向顾客提供的感知价值就越高，就越容易降低顾客对价格的敏感性、提高顾客溢价支付和再次购买的意愿（任晓丽等，2013）。邹德强等（2007）根据品牌资产、品牌关系和目标理论研究发现，随着品牌差异化程度的提高，产品功能性价值和象征性价值对顾客品牌忠诚的影响显著增强。吴泗宗和揭超（2011）将顾客感知差异化分为感知商品差异、感知服务差异、感知环境差异及感知促销差异四个维度，并实证检验了顾客感知差异化对惠顾意愿的影响机理模型，分析得出感知差异化能通过购物价值、场所依赖的中介作用而对惠顾意愿产生积极影响。Odin 等（2001）证明了当顾客品牌敏感性高时，感知风险对品牌忠诚有显著的正向影响，反之则不显著。而品牌感知差异化是品牌敏感性的主要决定因素，因此感知差异化对农户农资锁定购买行为可能存在显著的影响。

### 2. 交易依赖关系

交易依赖关系能够强化个体对互动对象的关系动机进而产生关系承诺（Rusbult et al.，2006；宋书楠等，2012），这种关系承诺强化了个体在交易过程中的效用感知和习惯性的持续投入，从而增加了相互交易的频率（余勇等，2010；周健明、邓诗鉴，2015）。相互依赖理论认为，情境中双方相互依赖关系是一种社会结构，在特定的关系中人们会采取不同的行为。霍荣棉等（2009）以相互依赖理论为基础，认为基于相互依赖关系的信任对个体合作行为有较大的影响：高依赖关系能激发双方的相互信任从而激活合作的社会动机，低依赖关系则导致双方较低的信任从而激活自利的社会动机。张闯等（2011）引入社会网络理论，实证证明了农户人际关系网络结构（网络密度和网络中心性）对渠道冲突与满意行为有显著影响，而这种冲突与满意对交易关系的稳定性、双方续约意愿影响显著。俞芳等（2013）从依赖角度研究了农资代理商渠道关系型治理的影响因素，发现农资代理商感知的依赖对其渠道关系型治理有显著的正向影响。因此，交易依赖关系对农户锁定购买行为可能存在显著的影响。

### 3. 人情关系质量

人情关系质量反映了交易双方关系强度的综合效果，关系质量越高，交易双方就会投入越多的时间、精力和资金来发展人情关系，顾客就越容易抵制竞争者的产品、产生重复购买的倾向

（庄贵军、席酉民，2003；姚山季、王永贵，2012）。研究表明，再次购买、顾客保留等顾客购后行为均是高人情关系质量的结果（Thomas et al.，2011）。Thorsten等（2002）证实了顾客再购买行为、顾客忠诚度和口碑传播都在很大程度上受到人情关系质量的影响。王建军（2012）探析了人情关系质量在关系营销导向与顾客忠诚之间的中介作用。赵红和谢琳灿（2013）实证检验了银行业中顾客关系感知在顾客忠诚形成机制中的作用，发现关系感知在企业形象、转换成本和服务质量对顾客忠诚行为的影响中分别起到了不同的中介作用。因此，人情关系质量对农户锁定购买行为可能存在显著的影响。

4. 社会规范

社会规范是参照群体的态度、规则和愿望等一系列价值观对个体行为产生的压力，会左右个体对产品购买认知风险的判断，直接或间接影响个体的购买态度和消费习惯（王良燕等，2016）。当购买者认为其购买行为不符合社会规范的要求时，就会有意识地约束自己的消费行为（Ajzen and Fishbein，1980；陈思静、马剑虹，2011）。李先国等（2012）通过情境模拟实验发现当网络团购中参照群体人数较多时消费者购买意愿会明显增强，认为参照群体对消费者购买意愿有显著的正向影响。田志龙等（2011）通过实证探究规范感知、规范认同与规范行为之间的因果关系，阐述了社会规范影响消费者行为的路径。郭俊贤（2012）构建了消费者手机支付行为的影响因素模型，发现社会规范在影响消费者手机支付行为的各因素中具有较强的解释力度。因此，社会规范对农户锁定购买行为可能存在显著的影响。

# 第四节　锁定购买行为影响因素的
# 整合模型构建

锁定购买行为的影响因素既包括感知差异化、交易依赖关系、人情关系质量、社会规范等宏观层面的情境因素，又包括人口统计特征、产品认知水平、尝新心理等微观层面的主体因素，同时直接反映顾客交易评价高低的品牌感知价值、零售店感知形象也是影响锁定购买行为的重要因素。本书基于已有的相关研究成果，从多视角、跨层次的顾客认知行为角度构建了锁定购买行为影响因素的整合研究理论模型，以供后续研究参考。研究的整体框架如图 2 - 1 所示。

在此整合研究模型中，一方面，主体因素、直接因素、情境因素作为主要的自变量对锁定购买行为具有直接而重要的影响；另一方面，主体因素、情境因素分别与直接因素通过相互之间的交互效应对锁定购买行为产生间接性影响。其中，主体因素可能显著调节直接因素中品牌感知价值、零售店感知形象对锁定购买行为的影响，因为不同个体特征的消费群体在顾客购买行为上存在很大的差异，这种购买行为可能是消费者所固有的特性从而超越具体的品牌、呈现一致性。同样，情境因素可能显著调节品牌感知价值和零售店感知形象对顾客锁定购买行为的影响，因为不同地区的社会背景和环境不同，会使消费者形成不同的消费观念，这些消费观念将不受品牌或零售店的影响而使顾客行为发生明显改变。因此，该整合模型揭示了不同因素之间通过直接或交互作用来影响锁定购买行为的机制。

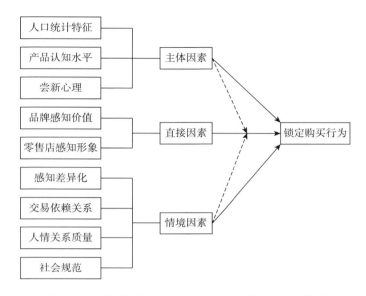

**图 2 - 1　锁定购买行为影响因素整合研究模型**

注：实线箭头表示现有研究已经讨论和证实的议题；虚线箭头表示现有研究较少讨论或尚未得出一致结论的议题。

锁定购买行为尚属新的研究领域，现有顾客行为理论研究主要聚焦习惯性或重复性购买行为、顾客忠诚等方面，对于锁定购买行为还缺乏足够的关注和系统的探讨。与它相关的文献主要关注网络经济下顾客锁定机制和策略的问题，但不断变化的社会化和市场化环境的语境赋予了顾客锁定新的含义，在研究对象、形成原因、行为表现等方面明显不同于原有的顾客购买行为的概念，为我们研究顾客行为带来了很多新的问题。针对现有锁定购买行为理论研究的不足，我们可从以下两个方面来进行弥补。

第一，运用营销学、心理学等多学科理论，以多元化视角深究锁定购买行为影响因素的作用机理，揭示不同因素之间的交互作用及其对锁定购买行为的影响。现有理论对锁定购买行为影响因素的识别还不够全面，对其作用机理的研究更缺乏深入的探讨，如社会文化制度、市场经济结构等要素都可能对锁定购买行为产生巨大的影响。为此，我们可先构建多种相关影响因素的整合研究框架，再深入挖掘不同因素影响锁定购买行为的作用路径和交互影响机制，以加深对锁定购买行为产生及效应机制的理解。

第二，围绕锁定效应的内在特征和潜在作用，深究锁定购买行为对其他顾客行为的重要影响。锁定购买行为是多种因素综合影响的产物，必然对其他顾客行为产生不可忽视的作用。为此，我们还需进一步考究锁定购买行为对其他顾客行为的直接效应、中介效应或调节效应，从而不断创新顾客行为相关理论。

# 第五节　本章小结

在相对封闭的社会网络结构中，顾客面临有限的产品选择和稳定的购销关系。这种特殊的购买情境容易导致顾客对品牌或零售店产生某种被动性或主观性依赖，从而长期频繁购买某特定品牌产品或惠顾某特定零售店，这种购买意识和行为被界定为锁定购买行为模式。然而，现有顾客行为理论研究主要关注顾客满意度、顾客忠诚等方面，鲜有对顾客被动购买这一有趣新现象的系统性探讨，对这种特定购买行为的研究探索缺乏足够的关注。因此，探寻锁定购买行为相关问题的答案既是深化和拓展顾客行为理论的需要，又对农资企业准确选择目标市场、制定有效营销策略具有直接的借鉴意义。

为此，本章主要从当前农资市场环境出发，首先，基于锁定相关概念及顾客行为理论，从研究对象、基本特征等方面分析比较了锁定购买行为相似概念之间的内在联系和区别，进而明确界定了锁定购买行为这一特定概念；其次，从主体因素、直接因素、情境因素等方面系统地凝练了影响锁定购买行为的主要因素；最后，深入探究了不同影响因素及其交互作用对锁定购买行为的影响，初步构建了锁定购买行为产生机理的整合研究模型。

经过理论梳理和分析探讨发现：主体因素、直接因素、情境因素作为主要的自变量对顾客锁定购买行为具有直接而重要的影响；主体因素、情境因素分别与直接因素通过相互之间的交互效应对顾客锁定购买行为产生间接性影响。后续关于锁定购买行为的研究可从以下两个方面来探讨：一是运用营销学、心理学等多学科理论，以多元化视角来深究锁定购买行为影响因素的作用机理，揭示不同因素之间的交互作用及其对锁定购买行为的影响；二是围绕锁定效应的内在特征和潜在作用，深究锁定购买行为对其他顾客行为的直接效应、中介效应或调节效应，从而不断创新顾客行为相关理论。

# 第三章

# 不同农资锁定购买行为的农户特征

在我国传统农资市场中，锁定效应已是农户购销交易方面广泛存在的社会现象。在上一章节中，我们基于顾客锁定、购买行为等相关理论，在分析总结"锁定"核心内涵和基本特征的基础上，结合当前农资购销市场和乡村社会关系情境的特殊性，明确界定了锁定购买行为概念的具体含义，清晰辨析了锁定购买行为与其他顾客购买行为之间的联系与区别，归纳凝练了可能影响农户农资锁定购买行为的前置因素，但这些研究探讨均是基于已有的文献资料、观察到的农村实际等主观经验的理论分析，还没有对农户农资锁定购买行为这一新现象进行科学合理的实证调查。要想深入透析当前农村社会网络情境下农户农资锁定购买行为产生的内在动因及作用机理，还需首先证实农户农资锁定购买行为是否真实存在、解答农户农资锁定购买行为到底有哪些主要模式等科学问题。探究这些基本的研究命题，将为深入分析农户农资锁定购买行为的影响因素及效应机制奠定坚实的研究基础。

为此，本章将主要围绕"农户农资锁定购买行为的主要模式"等研究主题，通过对山东省和湖北省种植户的问卷调查，实证检验户主人口统计特征、家庭经营特征、购买特征对农户农资锁定购买行为的不同影响，并比较分析不同锁定购买行为农户群体之间的差异性，从而科学揭示农户农资锁定购买行为的分异规律、证实农户农资锁定购买行为的存在。

# 第一节　农户农资锁定购买行为特征的问题导出

在无法深入了解或亲身体验产品时，品牌或商场就成为消费者评价产品质量并做出购买决策的重要市场信号。一方面，品牌作为产品价值与信誉的象征，向消费者传达高质量、高信誉的品质信息。为避免购买风险，消费者往往选择信赖程度较高的品牌产品。一旦顾客对某种品牌形成特殊的偏好，就很难为其他品牌产品所动，甚至对其他品牌采取漠视或抵制的态度（曹颖、符国群，2012），这容易导致消费者对该品牌产品的长期性重复购买行为。另一方面，商场作为大众购物消费的媒介，可以提供优质的服务、愉悦的环境，对顾客购买决策具有重大的参考价值。在渠道转换行为中，熟悉并掌握不同渠道的购买方式和流程会增加购物成本（蒋侃、张子刚，2011）。为了获得更多的价格优惠或提高售后保障率，顾客会表现出通过特定渠道再次购买的意向。因此，基于以往的多次购买经验，顾客通常会形成一种看重品牌或商场的购买意识。当需要再次购物时，这种购买意识倾向会使他们直接考虑那些已体验过且感到满意的产品或服务，这样就导致了顾客购买或惠顾相对固定的品牌产品或商场的行为。相比大众消费品市场，由于乡村人际网络具有特殊性，农户对农资产品的选择往往被限制在较少的品牌或附近有限的零售店之中，农户长期购买特定品牌产品或惠顾特定零售店的行为现象在农资市场中更为普遍。

现有顾客购买行为理论的研究主要关注习惯性或重复性购买行为、顾客忠诚行为等方面（王朋，2004；陈雪阳、刘建新，2006；陈海涛等，2015；薛永基、孙宇彤，2016），少量有关顾客锁定的文献大多研究的是网络经济下顾客锁定机制和策略问题（Geriach，2004；Duke et al.，2006；张素华，2008），鲜有对我国农资购销特定情境下这一有趣现象的探讨。尽管锁定购买行为与习惯性或重复性购买行为、顾客忠诚行为有某些相似之处，但由于其形成原因与相对封闭的乡村社会网络结构密切相关，因而在购买情境、形成机制等方面与其他顾客行为有明显的区别。那么，农户农资锁定购买行为有哪些主要模式，是看重品牌还是更看重零售店？不同农资锁定购买行为模式的农户在其人口统计变量、家庭经营状况等方面是否存在显著性差异？影响农户产生不同锁定购买行为模式的因素有哪些？对于这些问题，现有文献还没有很好地解答与验证。

为此，本章在深入分析农户农资锁定购买行为的基础上，依据锁定对象将农户农资锁定购买行为划分为品牌锁定购买行为和零售店锁定购买行为两种模式，并通过对山东省和湖北省 12 个县 25 个村 273 位种植户的问卷调查，实证研究了户主人口统计特征、家庭经营特征、购买特征与农户农资锁定购买行为之间的关系，比较分析了不同农资锁定购买行为农户群体之间的差异。该研究将对于丰富顾客购买行为理论和改进农资企业营销策略具有一定的借鉴意义。

## 第二节　农户特征对农资锁定购买行为的影响

### 一　顾客锁定理论基础

当购买对象从一种产品转换到另一种产品的成本非常高时，用户就面临着"锁定"。当消费达到品牌锁定阶段时，顾客重新回到品牌选择的新阶段，面临继续使用原品牌或考虑更换新品牌的选择。相比上一周期的同一时点，顾客转换成本更高，被企业锁定的程度更强（刘怀伟、贾生华，2003）。根据转换成本来源，锁定可以分为合同式锁定、耐用产品型锁定、特定产品的学习培训型锁定、专门供应商型锁定、基于搜索成本的锁定、基于顾客忠诚计划的锁定六种类型（易英，2005）。从信息网络的宏观背景上看，这种网络经济下产品锁定的现象是由网络外部性、信息积累增值性、网络产品互补性、网络正反馈性所决定的（丁涛、刘霞，2006）。从信息产品和用户的微观行为上看，锁定产生的根源在于基础设施的固定性、配套产品的周期性、信息产品消费的时段性、信息产品的使用权与所有权分离、用户的习惯性（周磊，2006）。利用锁定原理，企业可通过预先规划锁定周期、评估网络的投入成本和收益、吸引顾客入网等方式来建立基于锁定的顾客网络关系，并不断强化顾客网络的稳固性以增加产品销量、开发顾客网络价值（刘怀伟、贾生华，2003）。

从以上文献回顾中，我们可以发现有关锁定的研究具有以下特征：①研究情境多为网络经济这一具体环境，由于网络经济的虚拟性、开放性和外部性，相关文献对锁定现象的探讨也必将具有一定的特殊性；②研究视角以企业为主，现有文献多从企业的角度出发，探究如何建立基于锁定的顾客网络管理策略以长期维持企业与顾客的关系，从而为企业获取更大的竞争优势；③研究方法主要采用的是描述性或评论性研究，目前关于顾客锁定的探究主要集中在概念、成因机制和应对策略等定性研究，对锁定现象的定量实证性研究较少。

相对于网络经济而言，乡村社会下农资购销环境具有实体性、相对封闭性和内部性等特征，且从企业视角出发的研究与本章所要探究的顾客行为在概念和内容上有很大的差异，所以上述锁定现象的探讨可能并不完全适用于解释乡村社会网络背景下的顾客行为。本章在第二章所界定的锁定购买行为概念的基础上，理论性地将锁定购买行为划分为品牌锁定购买行为和零售店锁定购买行为两种模式，并对不同锁定购买行为模式之间的差异性进行实证检验。

## 二 农户特征对农资锁定购买行为影响的理论假设

### 1. 户主人口统计特征

户主人口统计特征对顾客重复购买意愿有显著影响，包括性别、年龄、文化程度、职业、收入、婚姻状况等（Vikas and Wagner，2001）。研究表明，女性顾客通常比男性顾客拥有更高的品牌忠诚度（Ingrassia and Patterson，1989），因为女性更倾向于有规律的生活习惯，更容易产生品牌忠诚；顾客品牌忠诚度与其年龄存在正相关关系，因为年龄越大的消费者越不愿意去冒险，越容易形成一种固定的行为习惯，越有可能产生品牌忠诚；在相同的满意度下，教育程度较低的顾客的重复购买意向较强（Vikas and

Wagner，2001），因为他们辨别消费风险的能力较低，需要通过对安全、放心产品的长期品牌忠诚来规避这种购买风险（陆娟、张东晗，2004）。因此，我们提出如下假设。

H1：户主人口统计特征对农户农资锁定购买行为有显著影响。

H1a：性别对农户农资锁定购买行为有显著影响。

H1b：年龄对农户农资锁定购买行为有显著影响。

H1c：文化程度对农户农资锁定购买行为有显著影响。

2. 家庭经营特征

家庭农业年均收入、耕地面积、作物类型、耕作年限不同的农户在新品种选择行为上有明显的差异（Cheryl，2001；傅新红、宋汶庭，2010）。农户资源禀赋中家庭农业年均收入对优质小麦新品种的选择具有显著的正效应，其原因可能是家庭农业年均收入越高的农户在农业生产上的投入越高，使用农业新技术或新品种的意愿也越强（徐同道、吴冲，2008）。不同土地规模下农户的生产行为不同，其中家庭经营 20 亩（1 亩 ≈ 666.67 平方米）以上农田的农户对新良种的采用率异常之高（张忠明、钱文荣，2008），因为耕地面积对农户信息甄别和风险规避的能力会产生重大作用，进而影响市场参与行为及新品种的采用（陈瑞剑等，2009）。相比粮食作物，经济价值高的农作物更有可能被施用新品种，其种植农户对新品种的购买意愿更强（傅新红、宋汶庭，2010）。依据多年购种经验，农户对部分品种或品牌的忠诚度相当高（刘元宝等，2001），而这种经验的形成与农户的耕作年限密切相关。因此，我们提出如下假设。

H2：家庭经营特征对农户农资锁定购买行为有显著影响。

H2a：家庭农业年均收入对农户农资锁定购买行为有显著

影响。

H2b：耕地面积对农户农资锁定购买行为有显著影响。

H2c：作物类型对农户农资锁定购买行为有显著影响。

H2d：耕作年限对农户农资锁定购买行为有显著影响。

3. 购买特征

顾客忠诚行为因购买重视程度、产品类型的不同而有所差异。购买重视程度不同，顾客购买参与度就不同，购后的价值体验和购买行为倾向也不同（孙瑾，2014），而不同的价值体验会导致不同程度的顾客忠诚。在基于关系质量的顾客重复购买心理决策过程中，产品类型具有显著的影响作用（涂荣庭等，2007），顾客在快速消费品上的态度与行为一致性比耐用消费品要高，因为顾客对快速消费品的忠诚主要来源于品牌信任，而对耐用消费品的忠诚更多来源于感知价值。因此，我们提出如下假设。

H3：购买特征对农户农资锁定购买行为有显著影响。

H3a：购买重视程度对农户农资锁定购买行为有显著影响。

H3b：产品类型对农户农资锁定购买行为有显著影响。

# 第三节　本章研究设计与方法

## 一　变量界定与量表开发

### 1. 因变量的测量

目前，学术界鲜有关于锁定购买行为测量指标的相关探索文献。首先，由于锁定购买行为与习惯性购买行为、重复性购买行为和顾客忠诚行为在核心要素和表现形式上具有很大的相似性，本章对锁定购买行为的测量就主要参考 Cronin 等（2000）和李东进等（2007）等有关习惯性购买行为、重复性购买行为和顾客忠诚行为等的成熟量表来设计。又由于其概念含义、购买情境不同，本章在保留量表语句之间相似部分的同时根据本章所界定的研究问题和乡村农民的实际情况，对相异部分做出了适当的修正，增加了如"在未来，我会长期购买该农资品牌产品""当再次购买农资产品时，我习惯购买该农资品牌"等几项语句。其次，为保证调查的科学性和严谨性，在开展大规模的正式调查之前，调查人员在湖北省武汉市周边地区进行了预调查，初步分析了问卷的可适用性。经探索性因子分析，我们剔除了锁定购买行为题项中因子负荷系数在 0.5 以下的语项，保留了如"在未来，我会长期购买该农资品牌产品""当再次购买农资产品时，我习惯购买该农资品牌""在近期，我不打算更换该农资品牌"等语句。最后，结合营销学和消费者行为学研究领域几位老师所提出的量表语义的相关意见，我们又修正了锁定购买行为变量的部分测量语项，从而保证了量表的可适用性，并最终形成了能达到本书目的的正式调查问卷（见附录 1）。此外，第四章到第六章有关锁定购买行为变量的测量均参考和借鉴此处的测量方法和指标。在选项的设计上，本章采用李克特五级量表，即设"1""2""3""4""5"这五种不等量的评分来代表"很不同意""不同意""一般""同意""很同意"五个选项，让被调查者根据其态度选择相应的分值。

2. 自变量的测量

本章将以性别、年龄、文化程度为代表的户主人口统计特征，以家庭农业年均收入、耕地面积、作物类型、耕作年限为代表的家庭经营特征，以购买重视程度、产品类型为代表的购买特征作为自变量。为便于数据分析，本章将各自变量的原始数据进行重新分组和赋值，各自变量的分组及赋值方法见表 3 - 1。

表 3 - 1　农户特征各变量的分组及赋值方法

| 自变量 | 分组及赋值方法 |
|---|---|
| 性别 | 男性 = 0；女性 = 1 |
| 年龄 | 单位：岁。20 ~ 39 岁（低龄组） = 1；40 ~ 59 岁（中龄组） = 2；60 岁及以上（高龄组） = 3 |
| 文化程度 | 原始数据赋值方法：小学以下 = 1；小学 = 2；初中 = 3；高中及以上 = 4。依据文化程度将其分组：小学及以下（低学历组） = 1；初中及以上（高学历组） = 2 |
| 家庭农业年均收入 | 单位：万元。1 万 ~ 4 万元（低收入组） = 1；5 万 ~ 9 万元（中收入组） = 2；10 万元及以上（高收入组） = 3 |
| 耕地面积 | 单位：亩。1 ~ 4 亩（低面积组） = 1；5 ~ 9 亩（中面积组） = 2；10 亩及以上（高面积组） = 3 |
| 作物类型 | 粮食作物 = 1；经济作物 = 2 |
| 耕作年限 | 单位：年。1 ~ 19 年（低年限组） = 1；20 ~ 39 年（中年限组） = 2；40 年及以上（高年限组） = 3 |
| 购买重视程度 | 用语句"农资产品的购买对您的生产生活影响很大"来测量，设"1""2""3""4""5"表示"很不同意""不同意""一般""同意""很同意"五个选项。依据重视程度将其分组：1 ~ 2（低程度组） = 1；3 ~ 5（中高程度组） = 2 |
| 产品类型 | 种子 = 1；肥料 = 2；农药 = 3；其他 = 4 |

注：1 亩 ≈ 666. 67 平方米。

## 二　样本数据收集

本章主要以山东省和湖北省 12 个县 25 个村种植户为考察对象，采用面对面访谈方式完成问卷共 300 份，其中有效问卷 273 份，有效率 91%。从性别上看，男性占 57.5%，女性占 42.5%；

从年龄上看，20～39 岁占 23.1%，40～59 岁占 58.2%，60 岁及以上占 18.7%；从文化程度上看，小学以下学历占 14.7%，小学学历占 28.9%，初中学历占 47.3%，高中及以上学历占 9.1%；从家庭农业年均收入上看，1 万～4 万元占 50.9%，5 万～9 万元占 35.5%，10 万元及以上占 13.6%；从作物类型上看，种植粮食作物的占 45.4%，种植经济作物的占 54.6%。调查样本的主体能够很好地代表所研究的顾客群体，增加了本章研究的可靠性。

### 三 统计分析方法

本书主要运用 SPSS 17.0 统计软件进行数据分析。通过相关分析和方差分析法，本章实证检验了各自变量对因变量的影响，分析研究了不同户主人口统计特征、家庭经营特征、购买特征群体的农资锁定购买行为模式之间的差异性，为数据结论提供了统计检验的支持。

## 第四节 农资锁定购买行为的农户特征分析

### 一 信度与效度分析

由于本章所涉及的自变量均为显变量，不存在潜变量的构建性问题，因此这里主要对因变量锁定购买行为量表进行信度和效度分析。

信度是指测量结果的一致性和稳定性程度，检验问卷在多次重复使用下得到的数据结果的可靠性。分析结果表明，品牌锁定购买行为和零售店锁定购买行为的 Cronbach's α 系数值分别为

0.816、0.832，均大于设立的标准值0.7，说明这两个变量的具体指标之间有较高的内部一致性，满足了研究分析的要求。

效度是指测量结果的真实性和准确性程度，反映指标能够衡量出它所测量的理论概念的程度。本问卷因变量的测量主要参考李东进等（2007）有关习惯性购买行为、重复性购买行为和顾客忠诚行为的成熟量表来设计，具有较高的内容效度。利用SPSS 17.0软件对各个因变量进行探索性因子分析，KMO值为0.849，Bartlett球形度检验概率P值为0，说明调查的数据可用于因子分析，并且各个构念下的维度指标的因子负荷系数均在0.6之上，因此认为各量表能真正测量出所要度量的研究变量，数据具有较好的收敛效度和判别效度。因变量构建效度分析结果见表3-2。

表3-2　不同锁定购买行为因变量旋转后因子负荷系数

| 题项指标 | 品牌锁定购买行为 | 零售店锁定购买行为 |
|---|---|---|
| BLP1 | 0.718 | |
| BLP2 | 0.681 | |
| BLP3 | 0.667 | |
| BLP4 | 0.612 | |
| RSLP1 | | 0.778 |
| RSLP2 | | 0.781 |
| RSLP3 | | 0.733 |
| RSLP4 | | 0.656 |

## 二　描述统计与相关分析

户主人口统计特征、家庭经营特征、购买特征与（品牌、零售店）锁定购买行为各变量的均值、标准差和相关系数如表3-3

所示。从变量均值中可知，样本农户平均耕地面积约为 7 亩，农用面积普遍不大；耕作年限均值大约为 26 年，农民普遍种植经验丰富；农资产品的购买对农户生产生活的影响比较大；品牌或零售店锁定购买行为群体大致各占一半，说明在农资产品购买中品牌和零售店均占据着重要地位，对农户农资购买行为具有重大的影响。

表 3 - 3　农户特征各自变量与锁定购买行为因变量的
均值、标准差和相关系数

| 变量 | M | S.D. | 1 | 2 | 3 | 4 | 5 | 6 | 7 | 8 | 9 | 10 | 11 | 12 |
|---|---|---|---|---|---|---|---|---|---|---|---|---|---|---|
| 1 | 0.42 | 0.50 | — | | | | | | | | | | | |
| 2 | 50.37 | 11.78 | - 0.03 | — | | | | | | | | | | |
| 3 | 2.50 | 0.87 | - 0.29** | - 0.27** | — | | | | | | | | | |
| 4 | 6.56 | 4.99 | - 0.09 | - 0.23** | 0.27** | — | | | | | | | | |
| 5 | 7.02 | 10.20 | - 0.02 | - 0.20** | 0.23** | 0.28** | — | | | | | | | |
| 6 | 1.55 | 0.50 | - 0.15* | - 0.18** | 0.21** | 0.43** | - 0.12 | — | | | | | | |
| 7 | 25.80 | 13.53 | - 0.03 | 0.86** | - 0.24** | 0.21** | - 0.11 | - 0.23** | — | | | | | |
| 8 | 3.52 | 0.92 | 0.02 | - 0.21* | 0.23* | 0.19** | 0.32** | 0.03 | - 0.03 | — | | | | |
| 9 | 2.05 | 0.93 | - 0.11 | - 0.09 | 0.13 | 0.06 | 0.17* | - 0.27** | 0.02 | 0.05 | — | | | |
| 10 | 2.00 | 0.77 | - 0.03 | - 0.04 | 0.11 | - 0.03 | 0.10 | - 0.06 | 0.05 | 0.06 | 0.21* | — | | |
| 11 | 3.26 | 0.92 | - 0.11* | 0.12* | 0.17* | 0.2** | - 0.13* | 0.18* | 0.16* | 0.39** | - 0.18* | - 0.08 | — | |
| 12 | 3.36 | 1.19 | 0.12* | - 0.15* | - 0.21** | 0.16* | 0.15* | 0.18* | - 0.11* | 0.49** | - 0.06 | 0.27** | 0.00 | — |

注：（1）　** $p < 0.01$，* $p < 0.05$。（2）各变量表示如下：1. 性别 2. 年龄 3. 文化程度 4. 家庭农业年均收入 5. 耕地面积 6. 作物类型 7. 耕作年限 8. 购买重视程度 9. 产品类型（品牌）10. 产品类型（零售店）11. 品牌锁定购买行为 12. 零售店锁定购买行为。（3）基于原始数据进行均值、标准差和相关系数的运算。

从相关系数矩阵中可知，性别、耕地面积、产品类型（品牌）与品牌锁定购买行为显著负相关，年龄、文化程度、家庭农业年均收入、作物类型、耕作年限、购买重视程度与品牌锁定购买行为显著正相关；而年龄、文化程度、耕作年限与零售店锁定购买行为显著负相关，性别、家庭农业年均收入、耕地面积、作物类型、购买重视程度、产品类型（零售店）与零售店锁定购买行为显著正相关。可见，大部分户主人口统计特征、家庭经营特征、购买特征与品牌或零售店锁定购买行为均存在不同程度的相关性，为相关假设提供了初步的支持。

## 三　农户特征对农资锁定购买行为影响的假设检验分析

本章分别检验了户主人口统计特征、家庭经营特征、购买特征等变量是否会对品牌或零售店锁定购买行为产生明显影响，分析结果见表3－4和表3－5。

表3－4　农户特征各自变量对品牌锁定购买行为影响的方差分析

| 自变量 | | 组别 | 均值 | F 值 | P 值 |
|---|---|---|---|---|---|
| 户主人口统计特征 | 性别 | 男性 | 0.15 | 5.11* | 0.03 |
| | | 女性 | －0.17 | | |
| | 年龄 | 低龄组 | －0.09 | 3.10* | 0.05 |
| | | 中龄组 | －0.05 | | |
| | | 高龄组 | 0.48 | | |
| | 文化程度 | 低学历组 | －0.17 | 3.77* | 0.05 |
| | | 高学历组 | 0.11 | | |
| 家庭经营特征 | 家庭农业年均收入 | 低收入组 | －0.15 | 3.44* | 0.03 |
| | | 中收入组 | －0.02 | | |
| | | 高收入组 | 0.37 | | |
| | 耕地面积 | 低面积组 | 0.01 | 5.11* | 0.01 |
| | | 中面积组 | 0.57 | | |
| | | 高面积组 | －0.53 | | |

续表

| 自变量 | | 组别 | 均值 | F 值 | P 值 |
|---|---|---|---|---|---|
| 家庭经营特征 | 作物类型 | 粮食作物 | -0.28 | 6.60 * | 0.01 |
| | | 经济作物 | 0.11 | | |
| | 耕作年限 | 低年限组 | -0.17 | 6.39 ** | 0.00 |
| | | 中年限组 | 0.06 | | |
| | | 高年限组 | 0.68 | | |
| 购买特征 | 购买重视程度 | 低程度组 | -0.96 | 17.25 ** | 0.00 |
| | | 中高程度组 | 0.08 | | |
| | 产品类型 | 种子 | 0.39 | 9.44 ** | 0.00 |
| | | 肥料 | -0.04 | | |
| | | 农药 | -0.80 | | |

注：（1）** $p < 0.01$，* $p < 0.05$。（2）"均值"为不同组别中因变量品牌锁定购买行为标准化后的平均值。

### 表 3-5　农户特征各自变量对零售店锁定购买行为影响的方差分析

| 自变量 | | 组别 | 均值 | F 值 | P 值 |
|---|---|---|---|---|---|
| 户主人口统计特征 | 性别 | 男性 | -0.14 | 5.13 * | 0.02 |
| | | 女性 | 0.16 | | |
| | 年龄 | 低龄组 | 0.09 | 3.32 * | 0.03 |
| | | 中龄组 | 0.03 | | |
| | | 高龄组 | -0.37 | | |
| | 文化程度 | 低学历组 | 0.13 | 5.72 * | 0.02 |
| | | 高学历组 | -0.21 | | |
| 家庭经营特征 | 家庭农业年均收入 | 低收入组 | -0.24 | 4.07 * | 0.02 |
| | | 中收入组 | -0.19 | | |
| | | 高收入组 | 0.04 | | |

| 自变量 | | 组别 | 均值 | F 值 | P 值 |
|---|---|---|---|---|---|
| 家庭经营特征 | 耕地面积 | 低面积组 | -0.06 | 2.29* | 0.04 |
| | | 中面积组 | 0.11 | | |
| | | 高面积组 | 0.46 | | |
| | 作物类型 | 粮食作物 | -0.26 | 7.62* | 0.06 |
| | | 经济作物 | 0.12 | | |
| | 耕作年限 | 低年限组 | 0.15 | 3.22** | 0.04 |
| | | 中年限组 | -0.13 | | |
| | | 高年限组 | -0.37 | | |
| 购买特征 | 购买重视程度 | 低程度组 | -0.16 | 26.18** | 0.00 |
| | | 中高程度组 | 0.10 | | |
| | 产品类型 | 种子 | -0.70 | 5.51** | 0.00 |
| | | 肥料 | -0.02 | | |
| | | 农药 | 0.53 | | |

注：（1）**$p<0.01$，*$p<0.05$。（2）"均值"表示不同组别中因变量零售店锁定购买行为标准化后的平均值。

从表 3-4 和表 3-5 来看，性别对品牌锁定购买行为、零售店锁定购买行为均有显著影响但作用方向相反，即男性对品牌购买的锁定程度高于女性，对零售店购买的锁定程度则低于女性。这可能与不同性别的思维方式不同有关，男性比女性更趋于理性，更喜欢从产品性能、使用效果等方面评价品牌并购买农资，较少受到与零售商人情关系、零售店环境等方面的影响。因此，假设 H1a 得到验证。年龄与品牌锁定购买行为存在显著的正相关性，而与零售店锁定购买行为存在显著的负相关性。这可能是因为高年龄群体相较于低年龄群体拥有更丰富的种植经验，对市场上主要的农资品牌有更高的熟悉度，而无须过多依赖于熟悉的零售商对产品品牌的介绍或推荐。因此，假设 H1b 得到验证。文化程度与品牌锁定购买行为显著正相关，与零售店锁定购买行为显著负相关，说明学历较高者能对品牌产品价值有更准确的判断和选择，更注重品牌的内在感知价值，而学历较低者更倾向于光顾熟悉的零售店来购买安全、可靠的农资产品。因此，假设 H1c 得到验证。综上，假设 H1 通过检验。

家庭农业年均收入对品牌锁定购买行为、零售店锁定购买行为均产生正向影响，因为在以农业为生的乡村环境下家庭收入越高，农资产品的购买显得越重要，农户对农资品牌和农资零售店的选择就会越谨慎、越倾向于长期购买某个熟悉的品牌或惠顾某家信任的零售店。因此，假设 H2a 得到验证。耕地面积与品牌锁定购买行为显著负相关，与零售店锁定购买行为显著正相关。这可能是因为耕地面积越大，农户承担的购买风险越大，越需要使用多种农资品牌来避免单一投入的风险，越需要固定惠顾某家农资零售店来增加产品购买的信心、降低批量购买的成本。因此，假设 H2b 得到验证。作物类型与品牌锁定购买行为显著正相关，与零售店锁定购买行为不存在显著相关性。这是因为相比粮食作物，种植经济作物的收入更高，农业生产投入对农户生活的意义重大，农户更关心品牌产品的实用价值，而对零售店的选择要求并不高。因此，假设 H2c 得到部分验证。耕作年限对品牌锁定购买行为有正向影响，对零售店锁定购买行为则存在负向影响。其原因可能同年龄对品牌锁定购买行为、零售店锁定购买行为的作用相似。因此，假设 H2d 得到验证。综上，假设 H2 通过部分检验。

购买重视程度对品牌锁定购买行为、零售店锁定购买行为均产生正向影响，其原因与家庭农业年均收入的影响作用相似。因此，假设 H3a 得到验证。产品类型对品牌锁定购买行为、零售店锁定购买行为有显著影响。在各类产品品牌中，农户对种子品牌的锁定购买程度最高，肥料次之，农药最低，其原因可能如下。一则与农资产品的重要性有关。对农户而言，种子是农业生产的根本，"种子不好，即使施最好的肥料、打最好的农药，也没有多大作用"，而肥料是作物生长状况的决定因素，"直接影响了作物结实的好坏、多少"，"农药只在作物生病的时候才需要，没有病可半个月打一次"（实地调研访谈中，问及农资产品购买决策重要性时，农户针对不同类型农资产品所做出的回答）。可见在农业生产中，种子最关键，肥料次之，农药第三。农资产品对农业生产越重要，农户就越不会轻易更换品牌。二则与农资购买的数量和频率有关。据农户调查可知，种子一年最多买两次，可一次性购买；肥料一年大约买 20 多次，可批量购买；而农药需要 7 天打一次，一般少量购买。可见，农资产品越重要，购买频率越低，农户的品牌锁定程度自然就越高。在惠顾零售店所购买的各类产品中，农户购买农药产品时对零售店的锁定程度最高，肥料次之，种子最低。其原因可能与零售店提供的服务有关。相比种子产品，农户购买农药和肥料时对零售店的选择要求更高：农药的施用需要依据病情，"发什么病就用什么药，只要把发病的植株给零售商，他就会给你推荐相应的农药"，其使用更需要经验丰富的零售商的指导；肥料由于批量购买的数量较大、频率较高，常常需要零售商提供送货上门的服务。因此，假设 H3b 得到验证。综上，假设 H3 通过检验。

# 第五节  本章主要结论与启示

## 一  农户特征对农资锁定购买行为影响的主要结论

本章在顾客锁定理论的基础上，依据农资市场交易特性及乡村社会网络特定情境，把乡村社会网络的相对封闭性导致的农户长期频繁购买某特定品牌产品或惠顾某特定零售店的行为界定为锁定购买行为，并分别实证探究了户主人口统计特征、家庭经营特征、购买特征对品牌锁定购买行为和零售店锁定购买行为的影响。

研究结果表明以下几点。第一，性别、耕地面积、产品类型与品牌锁定购买行为显著负相关，年龄、文化程度、家庭农业年均收入、耕作年限、购买重视程度与品牌锁定购买行为显著正相关。说明品牌锁定购买行为多发生在男性、年龄稍大、文化程度较高、家庭农业年均收入较高、耕作年限较长、拥有耕地面积较小、对农资购买的重视程度较高、购买种子品牌产品等特征的农户群体。第二，年龄、文化程度、耕作年限与零售店锁定购买行为显著负相关，性别、家庭农业年均收入、耕地面积、购买重视程度、产品类型与零售店锁定购买行为显著正相关。说明零售店锁定购买行为多发生在女性、年龄稍小、文化程度较低、家庭农业年均收入较高、耕作年限较短、拥有耕地面积较大、对农资购买的重视程度较高、购买农药品牌产品等特征的农户群体。第三，作物类型对品牌锁定购买行为有显著影响，对零售店锁定购买行为无显著影响。说明种植经济作物的农户多倾向于品牌锁定购买行为，品牌对农户农资产品的选择具有重大的参考意义。因此，户主人口统计特征、家庭经营特征、购买特征对农资锁定购买行为产生显著影响，倾向于品牌锁定购买行为和零售店锁定购买行为的农户在其户主人口统计特征、家庭经营特征和购买特征等方面存在明显差异。

在以农业生产为主的乡村社会，农资产品的购买对农户的生产生活具有重要的意义。为避免购买风险，农户通常会选择高质量的品牌产品。但由于产品认知水平或介入程度的有限性，农户要想购买安全可靠的产品必须依靠多年丰富的种植和购买经验。对于男性、年龄稍大、学历较高或耕作年限较长的人群，由于他们具有较丰富的农业生产经验以及农资产品购买和使用经验，对市场上主要的农资品牌有更高的熟悉度，无须过多依赖零售商对产品品牌的介绍或推荐。在购买农资产品时他们更多地从产品性能、使用效果等理性角度评价品牌并购买农资产品，较少受到与零售商人情关系、零售店环境等方面的影响，因而多表现出品牌锁定购买行为。而女性、年龄较小、学历较低、耕作年限较短的人群，由于缺乏足够的购买经验，往往更多地需要依靠对农资产品有较深了解的零售商的意见，并且零售商被她们熟知、能获得她们较高的信任，因而这部分人群较多地采取零售店锁定购买行为。可见，品牌锁定购买行为和零售店锁定购买行为在当前农户农资购买中同时存在。这与中国农村社会正处于由传统亲缘和地缘关系向现代商业经济关系转型的过渡期密切相关。基于传统乡村社会关系结构形态，费孝通先生和梁漱溟先生分别提出了"差序格局"和"关系本位"的重要概念，阐述了中国传统社会"重人而非重事"的特殊主义处世原则，"讲人情、讲关系"也就成为中国乡村社会关系结构的主要特征。传统社会下，农户的生产生活被限制在家族和村庄的范围之内，从而形成强关系、同质性、封闭性的社会关系网络，这进一步导致了个体关系网络资源嵌入的有限性。从社会稀缺资源配置的角度看，依据周建国的"紧缩圈层结构论"，农户会尽最大努力向资源最多的中心圈移动以获取最多的社会资源。而作为乡村农资销售关系的纽带，农资零售商拥有的社会资本明显多于一般的小农户。因而在高强度、相对封闭的关系体制下，频繁惠顾某家特定的零售店就成了乡村关系网络和经济交换的主要形式，这种思想观念和生活方式也慢慢延续下来且难以改变。但伴随农村改革的深化，市场经济被引入乡村社会，具有普遍主义特征的配置性资源——货币，在乡村人际交往中的地位越来越突出，工具主义逐渐内化为农民的价值观念，弱化了传统的以情感为纽带的亲缘或地缘关系，乡村社会关系由伦理型向契约型转变。由于市场在资源配置中发挥的作用越来越大，乡村人际关系逐渐功利性和理性化，品牌在农村农资销售中的地位也慢慢上升，引导了广大农户对农资产品的选择。这种传统地缘关系和现代经济关系的交织，将"地域人情"与"商业利益"实现了有机融合，从而出现了长期频繁惠顾某特定零售店的人情型交易和购买某特定品牌产品的工具型交易并存的农资购销现象。

## 二　农户特征对农资锁定购买行为影响的政策启示

研究结论对农资企业制定有效的营销策略和国家宏观调控农资市场具有一定的管理启示和政策意义。

对于农资企业而言，由于农户在农资产品购买过程中普遍存在品牌锁定和零售店锁定的行为，说明品牌和零售店是影响农户农资产品购买决策的重要因素，因此，应重视品牌资产的提升和零售商的选择与管理。一方面，农资企业要注重提高产品的质量和使用价值，提高农资品牌的信誉，进而增强农户购买农资产品的信心；另一方面，农资企业要关注零售店的整体形象，从售后服务、产品陈列、购买便利性等方面提升零售商的品牌权益，进一步提高农户购后价值、获得顾客购买信任。同时，由于户主人口统计特征、家庭经营特征和购买特征不同的农户在农资产品购买行为上存在明显的差异，农资企业应针对不同的顾客群体采取差异化的营销策略。对于男性、年龄稍大、学历较高、耕作年限较长等经验丰富群体，农资企业可加强品牌建设、构建品牌锁定的顾客购买机制；对于女性、年龄较小、学历较低、耕作年限较短等经验缺乏群体，农资企业可树立良好的企业形象、建立零售店锁定的顾客关系管理网络。

从政府角度看，当前存在的农户农资锁定购买行为在一定程度上产生于相对封闭的社会关系网络和选择受限的情境，农户长期购买某特定品牌产品或惠顾某特定零售店的行为并不是完全基于较高的满意度和忠诚度，而是因选择受限或转换成本过高而进行的被动选择，因此，政府应制定合理的产业发展政策，提供良好的公共服务，有效弱化封闭的乡村社会网络与农户选择受限的联系。一方面，政府可通过引导和扶持大型农资连锁店的发展，构建多元化的农资销售体系，提升乡村农资销售网络的整体水平，使农户拥有对于更多产品和更好服务的选择主动权；另一方面，强化政府公共服务职能，为农户提供更为全面准确的农资产品信息和技术服务，并通过加强农村信息化建设使农户能够便捷、及时地获取政府提供的信息和技术服务，从而减少农资购买中农户与供应商之间的信息不对称。

# 第六节　本章小结

本章在深入分析锁定购买行为基本概念的基础上，依据现有顾客行为理论和农资购销实况，首先在理论上依据锁定对象将农户锁定购买行为划分为品牌锁定购买行为和零售店锁定购买行为两种模式，其次实证研究了农户户主人口统计特征、家庭经营特征、购买特征与不同农资锁定购买行为之间的因果关系，最后比较分析了不同农资锁定购买行为农户群体之间的差异。

实证研究发现：户主人口统计特征、家庭经营特征、购买特征对农户不同锁定购买行为具有不同的影响，品牌锁定购买行为和零售店锁定购买行为在当前农资购销市场中同时存在。倾向于品牌锁定购买的多为男性、年龄稍大、文化程度较高、家庭农业年均收入较高、耕作年限较长、拥有耕地面积较小、对农资购买的重视程度较高、购买种子品牌产品等农户群体；倾向于零售店锁定购买的多为女性、年龄稍小、文化程度较低、家庭农业年均收入较高、耕作年限较短、拥有耕地面积较大、对农资购买的重视程度较高、购买农药品牌产品等农户群体。研究结论证实了农户农资锁定购买行为的客观存在，也为农户农资锁定购买行为的分类提供了科学的依据。

# 第四章

# 农户农资锁定购买行为的
# 影响因素

　　由于在户主人口统计特征、家庭经营特征等方面的差异性，农户在选购农资产品时会出现品牌锁定和零售店锁定这两种不同的行为模式。在上一章节中，我们依据现有顾客行为理论和农资购销实况，以农户特征为切入点实证探究了户主人口统计特征、家庭经营特征、购买特征与农户农资锁定购买行为之间的因果关系，比较分析了不同锁定购买行为农户群体之间的差异性，从而实证总结了影响农户农资锁定购买行为的主体因素。然而，影响农户农资锁定购买行为形成的重要因素还有很多，比如品牌感知价值、零售店感知形象这两个直接因素以及感知差异化、交易依赖关系等情境因素，这些因素对农户农资锁定购买行为的形成过程与动态变化也起到了关键性作用，但现有顾客行为相关理论还没有实证探讨各直接或情境因素对农户农资锁定购买行为所产生的影响作用。那么除了上一章中所探究分析的农户个人因素之外，还存在哪些重要的关键变量对农户农资锁定购买行为具有重大的影响呢？

解答和验证这一核心问题，将为我们深入挖掘农户农资锁定购买行为的形成机制提供更为清晰的研究思路。为此，本章将主要围绕"农户农资锁定购买行为的影响因素"等研究主题，通过调查分析山东省寿光市和湖北省潜江市、仙桃市农户的一手资料，实证检验品牌感知价值、零售店感知形象这两个直接因素，尤其是感知差异化、交易依赖关系、人情关系质量、社会规范这四个情境因素对农户农资锁定购买行为的不同影响，从而归纳提炼农户农资锁定购买行为的主要影响因素，探究分析不同因素在农户农资锁定购买行为形成中的内在作用。

# 第一节　农户农资锁定购买行为影响因素的问题导出

由于本书所探讨的农户农资锁定购买行为产生于乡村社会网络情境下且购买对象为农资产品，农资产品及其交易市场、乡村社会关系网络均具有一定的特殊性，完全利用现有理论解释这一购买行为可能导致研究者忽视至关重要的情境因素。农资产品作为生产资料，尽管其功能和需求与其他生产资料有相似之处，但农资产品使用环境和购买主体的特殊性使得其与一般的生产资料明显不同。第一，农资产品主要运用于农业生产，这是自然再生产与经济再生产相结合的过程，自然条件对农业生产的影响十分显著，进而会影响农资产品功效的稳定性与一致性。第二，农资产品的购买主体为千千万万的小农户，这使得农资市场需求分散，单次购买量小，非专家购买特征明显，供求双方的信息不对称问题严重。因此，农户购买产品时可能更多地考虑和依赖周围熟人包括零售商的意见，或者购买他们所熟悉的品牌产品以降低风险。第三，乡村中相对封闭的社会环境和固定的人际关系可能使农户购买农资产品时，受周围环境的影响更大。那么，影响农户产生锁定购买行为的主要因素有哪些？是对特定品牌或零售店的满意导致的顾客忠诚或主动选择因素较多，还是转换成本过高或选择受限导致的被动依赖因素较多？这些影响因素对农户农资锁定购买行为的作用方向及程度如何？

本书试图摆脱大多数研究偏重顾客内部因素分析的窠臼，立足当前农资购销环境及乡村社会关系情境，从直接因素和情境因素两方面同时探讨农户农资锁定购买行为的产生机理。首先基于顾客锁定相关理论及农资锁定购买行为产生的特定情境，初步提出了农户农资锁定购买行为影响因素的相关假设和理论模型；其次从品牌感知价值、零售店感知形象这两个直接因素，特别是感知差异化、交易依赖关系、人情关系质量、社会规范这四个情境因素实证分析了不同因素对农户农资锁定购买行为的影响。研究结论对丰富现有顾客行为理论、指导农资企业制定有效的营销管理策略具有重要的探索意义。

## 第二节　农户农资锁定购买行为的影响因素

### 一　顾客锁定的影响因素梳理

现有顾客购买行为理论的研究主要关注习惯性或重复性购买与顾客忠诚等方面，鲜有对顾客锁定现象的系统性探讨。当前，学者研究的主流趋势是把锁定现象置于网络经济的具体环境中，研究消费者不得不成为某产品或服务的永久客户这一经济现象的定义、原因及影响（Geriach，2004；Duke et al.，2006；张素华，2008）。

有关顾客锁定的概念，不同学者和专家从不同的角度进行了解释。基于信息网络的外部性，陈平路（2003）认为，由于信息产品的差异性，购买方在使用其他替代品时发生了额外的成本，从而产生了重新选择的阻碍，就引发了受制于当前选择的锁定状态；基于网络系统的投资与回报，易英（2005）和周磊（2006）指出，顾客锁定就是当用户采用网络的投资较大或转移不经济而难于从一个网络中退出、转换到另一个网络时，被困在原有网络中的状态；基于交易主体的内在动机，Farrell 和 Klemperer（2007）、雷思友（2007）将顾客锁定定义为，经济实体为达到特定目的、在特定交易领域通过提高顾客转换成本的方式，与交易伙伴所形成的持续排他性的稳定交易关系状态。从信息网络的宏观背景和信息产品及用户的微观行为上看，顾客锁定的直接影响因素是产品特性所导致的转换成本，间接影响因素是与策略环境有关的网络外部性和从众效应（张素华，2008）。锁定效应的存在，增加了新进入企业的沉没成本和门槛高度，使现有企业能在激烈的竞争中获得更多的利润（刘怀伟、贾生华，2003；张素华，2008）。

以上有关顾客锁定的研究多为网络经济背景下顾客行为的描述性或评论性探讨，鉴于乡村社会关系网络和农资市场交易的特殊性，现有顾客锁定理论对乡村社会环境下农户购买行为的解释有待探究，特别是定量实证性的研究还须进一步挖掘和检验。本章在第二章明确界定锁定购买行为概念的基础上，将锁定购买行为划分为品牌锁定购买行为和零售店锁定购买行为两种模式，并对不同锁定购买行为模式的影响因素及差异性进行实证检验。

## 二 锁定购买行为影响因素的理论假设

本章借鉴第二章有关锁定购买行为影响因素的理论分析，同时结合农资购买的特殊情境，主要从品牌感知价值、零售店感知形象这两个直接因素，特别是感知差异化、交易依赖关系、人情关系质量、社会规范这四个情境因素来实证研究锁定购买行为的影响因素。

### 1. 品牌感知价值

品牌感知价值是顾客购买的前因，对顾客重复购买行为有直接性作用，能增强顾客的忠诚购买行为。Jackie L. M. Tam（2004）及Villanueva和Hanssens（2007）研究发现，顾客感知价值相对于顾客满意而言更能引发再购买行为。董大海和金玉芳（2004）通过实证研究证明了顾客感知价值是产生顾客忠诚的重要前因，认为顾客感知价值对顾客行为倾向有显著的积极影响。何卫华（2009）也指出，顾客在某产品或服务中所感知的价值越高，其未来重复购买的意向越强。农资产品是农户进行农业再生产的重要资料，良好的品牌感知是提高农户对农资品牌信任度、增强再次购买信心的前提依据，也会直接影响农户对农资品牌产品的锁定购买行为倾向。而品牌感知价值可分为功能价值、感知成本和感知风险三个维度（Zeithaml，1988）。因此，我们提出如下假设。

H1：品牌感知价值对农户品牌锁定购买行为有显著影响。

H1a：功能价值对农户品牌锁定购买行为有显著影响。

H1b：感知成本对农户品牌锁定购买行为有显著影响。

H1c：感知风险对农户品牌锁定购买行为有显著影响。

2. 零售店感知形象

零售店感知形象是影响消费者购买决策的重要因素之一，由商店自身营造的实体表征气氛将激发消费者情感上的价值知觉，进而影响其购买决策（Bansal et al.，2005）。研究表明，服务质量对顾客忠诚有直接而根本的影响。刘晓燕（2010）实证结果表明，商店形象与顾客忠诚直接相关，影响顾客忠诚的因素主要有服务形象、声誉形象、购物便利、商品形象以及促销形象。贺爱忠和李钰（2010）发现，商店形象可通过感知风险间接影响品牌信任，进而影响购买意愿。由于农户自身条件的限制，农资零售店成为农户获取产品信息、配套技术的主要途径（傅新红、宋汶庭，2010），其感知形象的好坏也就会影响农户对农资零售店的锁定购买意愿。本研究主要从零售商形象、服务形象、商品形象、便利性形象和声誉形象来考察零售店感知形象。因此，我们提出如下假设。

H2：零售店感知形象对农户零售店锁定购买行为有显著影响。

H2a：零售商形象对农户零售店锁定购买行为有显著影响。

H2b：服务形象对农户零售店锁定购买行为有显著影响。

H2c：商品形象对农户零售店锁定购买行为有显著影响。

H2d：便利性形象对农户零售店锁定购买行为有显著影响。

H2e：声誉形象对农户零售店锁定购买行为有显著影响。

3. 感知差异化

顾客感知差异化程度越高，满意的产品或服务向顾客提供的感知价值就越高，就越容易降低顾客对价格的敏感性、提高顾客溢价支付和再次购买的意愿。Babin，B. J. 和 Babin，L. A.（2001）研究发现，感知差异化会导致顾客购物感知价值不同，其产生的价值归类记忆直接影响了支付意愿与惠顾行为。吴泗宗等（2011）构建了顾客感知差异化对惠顾与溢价支付意愿的影响机理的理论模型，阐释了感知差异化与感知价值、店铺印象之间存在正相关关系，而感知价值、店铺印象通过场所依赖的部分中介作用对惠顾意愿、溢价支付产生积极影响。不同农资产品品牌之间或不同零售店之间的差异性会对农户购买风险感知产生重要影响，从而引发长期购买价值的理性判断，显著影响农户农资锁定购买行为意向。因此，我们提出如下假设。

H3：感知差异化对农户品牌（或零售店）锁定购买行为有显著影响。

4. 交易依赖关系

交易依赖关系能够强化个体对互动对象的关系动机，进而产生关系承诺（Rusbult et al.，2006），这种关系承诺强化了个体在交易过程中的效用感知和习惯性的持续投入，从而增加了交易的频率。张闯等（2011）引入社会网络理论，实证检验了农户人际关系网络结构（网络密度和网络中心性）对渠道冲突与满意行为有显著影响，而这种冲突与满意对交易关系的稳定性、双方续约意愿的影响显著。农资品牌或零售店对农户购买农资具有重要的参考价值，其依赖关系的高低会激发农户对品牌或零售店不同程度的信任，影响锁定购买行为意愿的持续性。因此，我们提出如下假设。

H4：交易依赖关系对农户品牌（或零售店）锁定购买行为有显著影响。

5. 人情关系质量

人情关系质量反映了交易双方关系强度的综合效果，关系质量越高，交易双方就会投入越多的时间、精力和资金来发展人情关系，顾客就越容易抵制竞争者的产品、产生重复购买的倾向。研究表明，再次购买、顾客保留等顾客购后行为均是高人情关系质量的结果（Thomas et al.，2011）。Thorsten 等（2002）分别证实了顾客再购买行为、顾客忠诚度和口碑传播在很大程度上受到人情关系质量的影响。人情关系对农户购买行为的影响更为明显，这是因为在"熟人社会"的乡村社区中，人情扮演着更基础性的角色（宋丽娜、田先红，2011），它将交易双方纳入"自己人"的认同圈以建立"拟亲缘关系"，这种彼此信任的人际关系更容易触发市场交易（杨中芳、彭泗清，1999；严兴全等，2011）。因此，我们提出如下假设。

H5：人情关系质量对农户零售店锁定购买行为有显著影响。

6. 社会规范

社会规范是参照群体的态度、规则和愿望等对个体行为产生的压力，会左右个体对产品购买认知风险的判断，直接或间接影响个体的购买态度和消费习惯。当购买者认为其购买行为不符合社会规范的要求时，就会有意识地约束自己的消费行为（Ajzen and Fishbein，1980）。李先国等（2012）通过情境模拟实验发现，当网络团购中参照群体人数较多时消费者购买意愿会明显增强，认为参照群体对消费者购买意愿有显著的正向影响。而在社会环境相对封闭、人际关系相对稳定的原子化农村，基于"人际圈"的高度信任，周围人的品牌态度、零售店偏好可能对农户购买行为的影响更大。因此，我们提出如下假设。

H6：社会规范对农户品牌（或零售店）锁定购买行为有显著影响。

# 第三节　本章研究设计与方法

## 一　变量界定与量表构建

本章研究主要以品牌感知价值、零售店感知形象、感知差异化、交易依赖关系、人情关系质量、社会规范为自变量，以锁定购买行为为因变量，初步构建了农户农资锁定购买行为影响因素的理论模型，并对比研究了不同锁定购买行为模式的影响因素及差异性。

有关自变量的测量，本研究均借鉴或采用了国内外相关文献中普遍使用的测量语项：品牌感知价值量表主要参考 Sweeney 和 Soutar（2001）及何卫华（2009）的相关研究，由功能价值量表、感知风险量表和感知成本量表三个分量表组成，其中感知风险量表和感知成本量表采用反向陈述语句，以保持与功能价值变量测量方向的一致性；零售店感知形象量表依据 Grewal 等（1998）和汪旭晖（2007）的研究，从零售商形象、服务形象、商品形象、便利性形象及声誉形象等维度来考察；感知差异化量表主要借鉴 Chaudhuri 等（2009）和吴泗宗等（2010）的分类或测量方法，品牌感知差异化包括产品质量、价格、信誉等功能和社会属性的差异化，零售店感知差异化包括商品质量、零售价格、服务质量、店铺声誉等零售组合要素的差异化；针对交易依赖关系量表，在结合本章研究目的和农资产品购销实际的基础上，通过合理调整俞芳等（2013）农资代理商和零售商感知依赖量表来完成测量题项的设计；人情关系质量量表借鉴 Lee 和 Dawes（2005）的测量方法，分为感情、回报和面子三个维度；社会规范量表来源于 Bagozzi（2001）及 Ajzen 和 Madden（2006）的相关研究。同时，各具体测量语项均经过多次预调查的检验与反复修正，以求符合研究对象的实际情况，保证了实证研究的客观性与准确性。

有关因变量的测量可参考第三章第三节中锁定购买行为相关测量方法和指标。在答案的设计上，本研究采用李克特五级量表的形式，用"1""2""3""4""5"这五种不等量的评分来代表"很不同意""不同意""一般""同意""很同意"五个选项，让被调查者根据其自身态度选择相应的分值。

## 二　样本数据收集

本研究主要以山东省寿光市和湖北省潜江市、仙桃市农户为考察对象，采用面对面访谈方式完成问卷共 300 份，其中有效问卷 266 份，有效率 88.67%，达到了问卷数量和质量的基本要求。被调查者的基本统计资料如表 4-1 所示。

表 4-1　第四章研究有效样本基本统计资料结果

| 统计特征 | 分类 | 频数 | 百分比（%） | 统计特征 | 分类 | 频数 | 百分比（%） |
|---|---|---|---|---|---|---|---|
| 性别 | 男性 | 153 | 57.5 | 作物类型 | 粮食作物 | 119 | 44.7 |
| | 女性 | 113 | 42.5 | | 经济作物 | 147 | 55.3 |
| 年龄 | 20~39 岁 | 63 | 23.7 | 耕地面积 | 1~4 亩 | 186 | 69.9 |
| | 40~59 岁 | 154 | 57.9 | | 5~9 亩 | 38 | 14.3 |
| | 60 岁及以上 | 49 | 18.4 | | 10 亩及以上 | 42 | 15.8 |
| 文化程度 | 小学以下 | 40 | 15 | 家庭农业年均收入 | 1 万~4 万元 | 133 | 50 |
| | 小学 | 74 | 27.8 | | 5 万~9 万元 | 96 | 36.1 |
| | 初中 | 128 | 48.1 | | 10 万元及以上 | 37 | 13.9 |
| | 高中及以上 | 24 | 9 | | | | |

# 第四节　农户农资锁定购买行为的
# 影响因素分析

## 一　信度与效度分析

　　为保证测量结果的可靠性和准确性，本研究使用 SPSS 17.0 统计软件对问卷数据进行了信度与效度检验。依据内部一致法，本研究采用 Cronbach's α 系数测量了研究量表的可信度。由于有关锁定购买行为及其影响因素的具体测量指标还没有较为明确清晰的理论体系，本研究采用探索性因子分析法构建了各变量的概念内容或构念特质，以检验变量量表的结构效度。因为当研究变量现有的文献基础比较薄弱时，研究者必须首先确认量表的最佳因素结构，此时使用探索性因子分析就比较恰当（Stevens，2002）。

　　信度是指测量结果的一致性和稳定性程度。Cronbach's α 系数大于 0.7，则研究量表属于高信度（Nunnally and Aguiar，1974）。分析结果表明，各自变量和因变量的 Cronbach's α 系数值均大于 0.7，说明本章研究变量具有较高的内部一致性，满足了研究分析的要求。

　　效度是指测量结果的真实性和准确性程度。本章研究的主要变量及其测量项目均来源于明确的文献资料，并依据农村调查实际和专业老师意见对问卷内容进行了适当修正，因而调查问卷具有较高的内容效度；经探索性因子分析，KMO 值为 0.846，Bartlett 球形度检验概率 P 值为 0，说明调查的数据适合做因子分析，并且各变量所提取的公因子累计方差贡献率均大于 60%、各题项的因子负荷系数均在 0.6 之上，说明数据具有较好的收敛效度和判别效度。另外，本研究总变量的累计方差贡献率达 70.54%，说明变量量表能真正测量出所要度量的研究变量。各变量信度与效度分析结果见表 4 - 2 和表 4 - 3。

表 4 - 2　直接或情境因素各变量与品牌锁定购买行为因变量的探索性因子分析结果

| 研究变量 | 维度或分类 | 项目数（个） | Cronbach's α | 累计方差贡献率（%） |
|---|---|---|---|---|
| 品牌感知价值 | 功能价值 | 3 | 0.939 | 89.215 |
| | 感知风险 | 3 | 0.854 | 77.938 |
| | 感知成本 | 3 | 0.832 | 74.972 |
| 感知差异化 | — | 5 | 0.891 | 69.754 |
| 交易依赖关系 | — | 3 | 0.702 | 83.675 |
| 社会规范 | — | 3 | 0.884 | 81.199 |
| 品牌锁定购买行为 | — | 4 | 0.816 | 76.082 |

表 4 - 3　直接或情境因素各变量与零售店锁定购买行为因变量的探索性因子分析结果

| 研究变量 | 维度或分类 | 项目数（个） | Cronbach's α | 累计方差贡献率（%） |
|---|---|---|---|---|
| 零售店感知形象 | 零售商形象 | 3 | 0.894 | 82.561 |
| | 服务形象 | 3 | 0.847 | 77.303 |
| | 商品形象 | 3 | 0.856 | 77.695 |
| | 便利性形象 | 3 | 0.868 | 79.267 |
| | 声誉形象 | 3 | 0.865 | 78.79 |
| 感知差异化 | — | 5 | 0.868 | 74.543 |
| 交易依赖关系 | — | 3 | 0.793 | 77.537 |
| 人情关系质量 | 感情、回报和面子 | 4 | 0.808 | 78.396 |

续表

| 研究变量 | 维度或分类 | 项目数（个） | Cronbach's α | 累计方差贡献率（%） |
|---|---|---|---|---|
| 社会规范 | — | 3 | 0.881 | 81.283 |
| 零售店锁定购买行为 | — | 4 | 0.832 | 78.858 |

## 二　农户农资锁定购买行为影响因素的假设检验分析

为进一步验证品牌感知价值、零售店感知形象与锁定购买行为之间的因果关系，特别是感知差异化、交易依赖关系、人情关系质量、社会规范对不同锁定购买行为模式的影响，本研究采用多元层次回归分析法将各自变量依次置入回归方程模型，通过比较回归参数值的变化来分析预测自变量对因变量的影响。层次回归模型检验结果如表4-4和表4-5所示。

### 表4-4　品牌锁定购买行为层次回归分析

| 因变量 | | 品牌锁定购买行为 | | | | | | |
|---|---|---|---|---|---|---|---|---|
| 解释变量 | | M1 | M2 | M3 | M4 | M5 | M6 | M7 |
| 控制变量 | 1 | -0.07* | -0.06 | -0.01 | -0.02 | -0.01 | -0.04 | -0.01 |
| | 2 | 0.15* | 0.01 | 0.03 | 0.01 | 0.02 | 0.01 | 0.01 |
| | 3 | 0.20* | 0.01 | 0.08* | 0.04 | 0.03 | 0.03 | 0.04 |
| | 4 | 0.23* | 0.05 | 0.10* | 0.06 | 0.07* | 0.05 | 0.06* |
| 自变量 | 5 | | 0.43* | | 0.29* | 0.31* | 0.31* | 0.28* |
| | 6 | | 0.27* | | 0.09* | 0.08* | 0.14* | 0.08* |
| | 7 | | 0.21* | | 0.11* | 0.08* | 0.12* | 0.06* |
| | 8 | | | 0.23* | | 0.24* | 0.18* | 0.16* |
| | 9 | | | 0.29* | 0.20* | | 0.24* | 0.20* |
| | 10 | | | 0.42* | 0.30* | 0.29* | | 0.27* |

续表

| 因变量 | 品牌锁定购买行为 | | | | | | |
|---|---|---|---|---|---|---|---|
| 解释变量 | M1 | M2 | M3 | M4 | M5 | M6 | M7 |
| $R^2$ | 0.11 | 0.72 | 0.76 | 0.80 | 0.79 | 0.78 | 0.81 |
| $\triangle R^2$ | 0.11* | 0.61* | 0.65* | 0.69* | 0.68* | 0.67* | 0.03* |
| F | 8.32* | 94.82* | 114.98* | 106.25* | 113.49* | 101.18* | 105.51* |

注：（1）*$p<0.05$。（2）各变量表示如下：1. 性别 2. 年龄 3. 文化程度 4. 家庭农业年均收入 5. 功能价值 6. 感知风险 7. 感知成本 8. 感知差异化 9. 交易依赖关系 10. 社会规范。（3）为准确比较不同锁定购买行为回归模型中各参数值的变化，本表各变量均采用标准化的回归系数值。

## 表4-5　零售店锁定购买行为层次回归分析

| 因变量 | | 零售店锁定购买行为 | | | | | | | |
|---|---|---|---|---|---|---|---|---|---|
| 解释变量 | | M1 | M2 | M3 | M4 | M5 | M6 | M7 | M8 |
| 控制变量 | 1 | 0.07* | 0.05 | 0.01 | 0.03 | 0.01 | 0.01 | 0.02 | 0.01 |
| | 2 | -0.12* | -0.02 | -0.02 | -0.02 | -0.02 | -0.01 | -0.02 | -0.02 |
| | 3 | -0.13* | -0.02 | -0.05 | -0.04 | -0.02 | -0.03 | -0.03 | -0.03 |
| | 4 | 0.12* | 0.06* | 0.06* | 0.05 | 0.06 | 0.05 | 0.07* | 0.06* |
| 自变量 | 5 | | 0.29* | | 0.16* | 0.14* | 0.13* | 0.13* | 0.12* |
| | 6 | | 0.12* | | 0.06* | 0.05* | 0.02 | 0.06* | 0.05* |
| | 7 | | 0.24* | | 0.14* | 0.13* | 0.12* | 0.11* | 0.11* |
| | 8 | | 0.04 | | 0.04 | 0.02 | 0.01 | 0.03 | 0.02 |
| | 9 | | 0.24* | | 0.13* | 0.11* | 0.13* | 0.15* | 0.11* |
| | 10 | | | 0.33* | | 0.26* | 0.29* | 0.25* | 0.25* |
| 控制变量 | 11 | | | 0.16* | 0.12* | | 0.13* | 0.14* | 0.10* |
| | 12 | | | 0.34* | 0.27* | 0.27* | | 0.18* | 0.23* |
| | 13 | | | 0.17* | 0.16* | 0.14* | 0.20* | | 0.12* |
| $R^2$ | | 0.04 | 0.71 | 0.77 | 0.76 | 0.78 | 0.76 | 0.77 | 0.79 |
| $\triangle R^2$ | | 0.04* | 0.67* | 0.73* | 0.72* | 0.74* | 0.72* | 0.73* | 0.02* |

续表

| 因变量 | 零售店锁定购买行为 | | | | | | | |
|---|---|---|---|---|---|---|---|---|
| 解释变量 | M1 | M2 | M3 | M4 | M5 | M6 | M7 | M8 |
| F | 2.58* | 68.57* | 106.85* | 71.30* | 77.97* | 77.44* | 71.31* | 73.2* |

注：（1）*$p<0.05$。（2）各变量表示如下：1. 性别 2. 年龄 3. 文化程度 4. 家庭农业年均收入 5. 零售商形象 6. 服务形象 7. 商品形象 8. 便利性形象 9. 声誉形象 10. 人情关系质量 11. 感知差异化 12. 交易依赖关系 13. 社会规范。（3）为准确比较不同锁定购买行为回归模型中各参数值的变化，本表各变量均采用标准化的回归系数值。

由表 4 - 4 可以看出，功能价值（M2，$\beta=0.43$，$P<0.05$）、感知风险（M2，$\beta=0.27$，$P<0.05$）、感知成本（M2，$\beta=0.21$，$P<0.05$）分别对品牌锁定购买行为具有显著的正向预测效果。因此，假设 H1a、H1b、H1c 得到了支持，从而假设 H1 通过检验，认为品牌感知价值对农户品牌锁定购买行为有积极的影响作用。感知差异化（M3，$\beta=0.23$，$P<0.05$）、交易依赖关系（M3，$\beta=0.29$，$P<0.05$）、社会规范（M3，$\beta=0.42$，$P<0.05$）分别对品牌锁定购买行为具有显著的正向预测效果。因此，假设 H3、H4、H6 得到了支持，认为农资产品购买的情境因素对农户品牌锁定购买行为有积极的影响作用。

为深入分析品牌感知价值及感知差异化、交易依赖关系、社会规范对品牌锁定购买行为的影响程度，本章依据 Aiken 和 West（1991）分析方法研究发现：加入各情境因素之后，模型 M7 各变量对因变量的解释水平比模型 M2 增加了 9%（$P<0.05$），说明各情境因素对品牌锁定购买行为具有显著的增量效应；加入品牌感知价值各变量之后，模型 M7 各变量对因变量的解释水平比模型 M3 增加了 5%（$P<0.05$），说明品牌感知价值对品牌锁定购买行为具有显著的增量效应。但相比各情境因素的综合效应，品牌感知价值对品牌锁定购买行为的解释力较弱。在各情境因素中，社

会规范（M6 和 M7，$\triangle R^2 = 0.03$，P < 0.05）对品牌锁定购买行为的解释力最强，交易依赖关系（M5 和 M7，$\triangle R^2 = 0.02$，P < 0.05）次之，感知差异化（M4 和 M7，$\triangle R^2 = 0.01$，P < 0.05）最低；在品牌感知价值各因素中，功能价值对品牌锁定购买行为的解释力最强，感知风险次之，感知成本最低（如前所述）。

由表 4 - 5 可以看出，零售商形象（M2，$\beta = 0.29$，P < 0.05）、服务形象（M2，$\beta = 0.12$，P < 0.05）、商品形象（M2，$\beta = 0.24$，P < 0.05）、声誉形象（M2，$\beta = 0.24$，P < 0.05）分别对零售店锁定购买行为具有显著的正向预测效果，而便利性形象（M2，$\beta = 0.04$，P > 0.05）对零售店锁定购买行为没有显著的预测效果。因此，假设 H2a、H2b、H2c、H2e 得到了支持，假设 H2d 未得到支持，因而假设 H2 通过部分检验，仍认为零售店感知形象对农户零售店锁定购买行为有积极的影响作用。人情关系质量（M3，$\beta = 0.33$，P < 0.05）、感知差异化（M3，$\beta = 0.16$，P < 0.05）、交易依赖关系（M3，$\beta = 0.34$，P < 0.05）、社会规范（M3，$\beta = 0.17$，P < 0.05）分别对零售店锁定购买行为具有显著的正向预测效果。因此，假设 H3、H4、H5、H6 得到了支持，认为农资产品购买的情境因素对农户零售店锁定购买行为有积极的影响作用。

为深入分析零售店感知形象、人情关系质量、感知差异化、交易依赖关系、社会规范对零售店锁定购买行为的影响程度，本章同样依据 Aiken 和 West（1991）分析方法研究发现：加入各情境因素之后，模型 M8 各变量对因变量的解释水平比模型 M2 增加了 8%（P < 0.05），说明各情境因素对零售店锁定购买行为具有显著的增量效应；加入零售店感知形象各变量之后，模型 M8 各变量对因变量的解释水平比模型 M3 增加了 2%（P < 0.05），说明零售

店感知形象对零售店锁定购买行为具有显著的增量效应。但相比各情境因素的综合效应，零售店感知形象对零售店锁定购买行为的解释力较弱。在各情境因素中，人情关系质量（M4 和 M8，$\triangle R^2 = 0.03$，$P < 0.05$）和交易依赖关系（M6 和 M8，$\triangle R^2 = 0.03$，$P < 0.05$）对零售店锁定购买行为的解释力最强，社会规范（M7 和 M8，$\triangle R^2 = 0.02$，$P < 0.05$）次之，感知差异化（M5 和 M8，$\triangle R^2 = 0.01$，$P < 0.05$）最低；在零售店感知形象各因素中，零售商形象对零售店锁定购买行为的解释力最强，商品形象和声誉形象次之，服务形象最低，便利性形象无明显的影响作用。

将品牌锁定购买行为（表 4 - 4 模型 M7）和零售店锁定购买行为（表 4 - 5 模型 M8）回归模型对比，研究发现：尽管各影响因素的作用程度在不同农户农资锁定购买行为模式中存在较大的差异，但无论是在品牌锁定购买行为模式还是在零售店锁定购买行为模式中，人情关系质量、交易依赖关系、社会规范和感知差异化这些情境因素的影响程度均大于品牌感知价值、零售店感知形象这些直接因素。对于品牌锁定购买行为，功能价值的影响作用最大；而对于零售店锁定购买行为，人情关系质量的影响作用最大。说明农资产品的质量、使用效果等功能性因素在农户品牌锁定购买行为中具有关键性的重要作用，而农户对零售商的情感感知、关系信任等情境因素则是影响农户零售店锁定购买行为的主导因素。就情境因素而言，（品牌）感知差异化（M7，$\beta = 0.16$，$P < 0.05$）对农户农资锁定购买行为的影响作用明显大于（零售店）感知差异化（M8，$\beta = 0.10$，$P < 0.05$），（品牌）交易依赖关系（M7，$\beta = 0.20$，$P < 0.05$）对农户农资锁定购买行为的影响作用明显小于（零售店）交易依赖关系（M8，$\beta = 0.23$，$P <$

0.05），（品牌）社会规范（M7，$\beta = 0.27$，$P < 0.05$）对农户农资锁定购买行为的影响作用明显大于（零售店）社会规范（M8，$\beta = 0.12$，$P < 0.05$）。因此，农户农资品牌锁定购买行为和零售店锁定购买行为在影响因素及其作用程度等方面具有明显的差异性。

# 第五节　本章主要结论与启示

## 一　农户农资锁定购买行为影响因素的主要结论

本研究在顾客锁定相关理论的基础上，结合农资购销市场的交易特性及乡村社会关系的特定情境，界定了锁定购买行为的概念，并依据锁定对象将其划分为品牌锁定和零售店锁定两种行为模式；基于习惯性购买、重复性购买及顾客忠诚等顾客购买行为理论及当前农资购买特定情境，构建了锁定购买行为及其影响因素的理论模型；并依据山东省寿光市和湖北省潜江市、仙桃市的266份农户资料实证检验了品牌感知价值、零售店感知形象、感知差异化、交易依赖关系、人情关系质量、社会规范对农户农资锁定购买行为的影响。

研究结果表明，品牌感知价值、零售店感知形象这两个直接因素，感知差异化、交易依赖关系、人情关系质量、社会规范这四个情境因素均对农户农资锁定购买行为产生显著的正向影响，且各影响因素的作用程度在不同锁定购买行为模式中存在较大的差异。

第一，无论是在品牌锁定模式还是在零售店锁定模式中，直接因素和情境因素均存在显著的影响，但情境因素的综合效应明显大于直接因素的综合效应。说明农户农资锁定购买行为是主动忠诚和被动依赖同时作用的结果，但被动依赖因素的影响力更大。这与中国农村社会正处于由传统亲缘、地缘关系向现代商业经济关系转型的过渡期密切相关。一方面，随着农村改革的不断深化，农资市场的开放性和竞争性使得农户对农资产品的购买选择有一定的自主权和主动权，可以根据自己的种植需求和产品偏好来购买农资，并在这种选择和购买中有可能对特定品牌或零售店产生信任、偏爱从而引发锁定购买行为。另一方面，由于传统"关系本位"思想观念的延续，在传统乡村社会中人们的生产生活被限定在周边村落等狭小的空间内，农户社会关系网络具有相对封闭性和高度同质性，这种有限的人际关系也极大地缩小了农户农资产品的购买选择范围，且地缘关系思想根深蒂固，仍会长期影响农户的生产生活，因而相对于其他开放性消费市场，农户购买农资的选择受限性更大。同时，由于大多数农户掌握的农资产品专业化知识并不多，他们对农资产品的购买具有非专家性。这种选择受限或认知有限的情境就可能导致相当一部分农户偏向于固定购买某特定品牌产品或惠顾某特定零售店。因此就整体而言，情境因素在锁定购买行为中的作用更大，甚至超越品牌和零售店本身的影响。

第二，在农户品牌锁定购买行为模式中，功能价值的影响力度最大，其后依次为社会规范、交易依赖关系和感知差异化，感知风险和感知成本的影响最弱。说明倾向于品牌锁定的农户在农资产品购买过程中更看重产品质量和使用效果，周围其他农户使用农资产品的状况、农户对品牌的重视和依赖程度、市场上农资品牌之间的整体差异性也会影响农户对某农资产品长期使用和购买的选择，而购买风险、所花时间和经济成本等因素对农户购买农资的影响较弱。这是因为农资产品作为生产资料，其增产性、稳定性等产品质量特性直接决定着农户农业生产水平和经济收入，因此品牌质量等功能性价值也就成为影响农户锁定购买某特定农资品牌产品的主要因素；由于有限的产品知识水平，当面临众多品牌选择时农户可能束手无策，若周围很多其他农户使用某农资产品或较信赖某农资品牌时，农户会认为该品牌产品适合当地自然条件，具有较高的安全性和稳定性，从而可能长期固定购买某农资品牌产品以降低购买风险。对许多农户而言，由他人实践证明和传播的品牌信誉比自身感知的影响力更大。由于农资零售店在地理上嵌于农户生产生活区域中，农户购买农资较为便利、所耗时间精力较少，且出于"一分钱，一分货"的购买心理，农户也愿意为有较高质量保障的产品额外支付一定的金额，因此所花时间多少和价格高低就不是农户所关心的主要问题，因而感知风险和感知成本成为农户购买决策中的次要因素。

第三，在农户零售店锁定购买行为模式中，人情关系质量和交易依赖关系成为最主要的影响因素，其后依次是社会规范和感知差异化这两个情境因素，而零售商形象、商品形象、声誉形象、服务形象这些直接因素的影响较弱，便利性形象无显著影响作用。这说明，尽管有关零售店感知形象的部分直接因素有显著的影响作用，但倾向于零售店锁定的农户在选择零售店购买农资产品的过程中考虑的主要因素却是与零售商的关系，这可能是因为高人际关系能获得较高的产品质量保障或较多的价格优惠；在相对封闭的乡村社会环境中，农户对农资零售店的选择范围相当有限，因而农户购买农资产品时会较多依赖这些有限的农资零售店，交易依赖关系也就会极大地影响农户是否长期惠顾某农资零售店；出于从众心理，当周围农户较多地惠顾某农资零售店或零售店间差异较大时，农户长期惠顾该零售店的行为倾向就会增强；零售商个人形象反映了该零售商农资产品专业知识和使用经验的多寡以及个人信誉的高低，是零售店声誉形象的鲜明刻画，也直接影响了农户对在零售店所购产品的信赖程度，因而相比商品、服务等零售店其他因素，零售商形象对农户农资零售店锁定购买的影响更大；在较为狭小的乡村社会空间范围内，农户普遍与农资零售店的地理位置较近，一般不存在购买不方便的问题，因此零售店便利性形象的影响作用不显著。

第四，比较各情境因素对不同锁定购买行为模式的影响，感知差异化对品牌锁定购买行为的影响明显大于对零售店锁定购买行为的影响，交易依赖关系对品牌锁定购买行为的影响明显小于对零售店锁定购买行为的影响，社会规范对品牌锁定购买行为的影响明显大于对零售店锁定购买行为的影响。这可能与农资市场交易及其主体的特性密切相关。相比农资零售店，农资品牌选择的好坏直接关系到农作物收成数量的多少和质量的高低，其购买决策对农户生产生活的影响更大，因而农户所感知的品牌差异性可能比零售店差异性更明显、影响作用更大；市场上农资品牌品种繁多、产品更新换代速度较快，农资产品又是一种再生产资料，农户往往需要有丰富使用经验的农资零售商的专业指导，且农资零售店在乡村社会空间里可选择性较小，因此农户不得不更依赖农资零售店；农资品牌比农资零售店的选择范围大，较多的农资品牌会让产品认知水平有限的农户无所适从，因此购买农资品牌的从众效应会比惠顾农资零售店更明显，社会规范对品牌锁定的影响也就更大。

## 二　农户农资锁定购买行为影响因素的政策启示

在相对封闭的乡村社会关系网络中，锁定已成为农资交易市场中广泛存在的现象。本章实证探究了农户农资锁定购买行为影响因素的理论模型，其研究结论对农资企业制定有效的产品营销和顾客维持战略及政府有效管理农资市场具有一定的管理启示和借鉴意义。

第一，农资企业要加强品牌资产管理、提升零售店整体形象。品牌感知价值、零售店感知形象对农户农资锁定购买行为有显著的正向影响，说明顾客对品牌和零售店的感知评价越高，锁定购买该农资品牌或惠顾该农资零售店的行为倾向也就越强。为此，农资企业可通过提高产品质量、售后服务水平来提升品牌信誉，通过提供优惠的产品价格、良好的咨询服务等方式来增强零售店形象管理，从而提高顾客购物价值和购后满意度，增强顾客长期固定购买某农资品牌或惠顾某农资零售店的信心，最终达到长期维持顾客交易关系的目的。

第二，农资企业要合理利用情境因素在农户农资购买行为中的作用。人情关系质量、交易依赖关系、社会规范和感知差异化这些情境因素对农户农资锁定购买行为影响显著，这表明关系感知越高、依赖程度越高、周围人群购买越多以及品牌和零售店差异性越大，农户锁定购买该农资品牌产品或惠顾该零售店的行为倾向也就越强。为此，农资企业可实施差异化营销战略，以突出品牌产品和零售店服务的优势地位，从而增强农户对农资品牌和农资零售店的交易依赖；加强零售商渠道关系管理，一方面选择当地有较好或较多人际关系的零售商作为维持顾客关系的纽带，另一方面鼓励零售商投入更多时间和精力来发展与农户的人情关系，进而增强农户长期购买的行为意向；发展庞大的顾客购买群体，激发潜在顾客的购买意向，以挖掘更多的顾客群体、触发更多的购买行为。

第三，相关政府部门应通过规范农资市场和加强公共服务来提高农户购买农资的选择自由度。在农户农资锁定购买行为影响因素中各情境因素的综合效应均大于直接因素，说明农户对农资产品和农资零售店的选择在一定程度上被限制在较小的空间范围内，其购买行为决策并不完全是出于较高的产品满意度和忠诚度，可能是转换成本过高或选择受限等客观条件限制导致的被动行为。在这种顾客被动的情形下，顾客购买农资产品考虑的不是"我想买什么"，而是"我能买什么"或者"别人买了什么"，这一状况不利于提高农户农资产品选购质量及农业生产水平，也不利于农资产业的健康发展。因此，政府应制定合理的产业发展政策、提供良好的公共服务，有效弱化封闭的乡村社会关系网络与农户选择受限的联系，如引导和扶持发展潜力较大的农资企业，扩大乡村农资市场的产品供给源，使农户拥有更多产品和更好服务的选择主动权；完善信息咨询、政策性信贷业务等社会化服务机制，加快农资产品现代化多样性供需网络的建设等。

## 第六节　本章小结

农户锁定购买行为产生于乡村社会网络情境下且购买对象主要为农资产品，农资产品及其交易市场、乡村社会关系网络均具有一定的特殊性，完全利用现有理论解释这一购买行为可能导致研究者忽视至关重要的情境因素，且现有顾客行为理论研究对顾客被动购买行为这一有趣现象的理论探讨较少，因此实证探讨农户锁定购买行为产生的关键动因将为丰富现有顾客购买行为理论做出创新性的理论探索。那么，影响农户产生锁定购买行为的主要因素有哪些？是对特定品牌或零售店的满意导致的顾客忠诚或主动选择因素较多，还是转换成本过高或选择受限导致的被动依赖因素较多？这些影响因素对农户锁定购买行为的作用方向及程度如何？这些问题有待进一步实证和探讨。

为此，本章试图摆脱大多数研究偏重顾客内部因素分析的窠臼，立足当前农资购销环境及乡村社会关系情境，从直接因素和情境因素两方面同时探讨农户农资锁定购买行为的产生机理。首先，基于顾客锁定相关理论及农资锁定购买行为产生的特定情境，初步提出了农户农资锁定购买行为影响因素的相关假设和理论模型；其次，从品牌感知价值、零售店感知形象这两个直接因素，特别是感知差异化、交易依赖关系、人情关系质量、社会规范这四个情境因素实证分析了不同因素对农户农资锁定购买行为的影响。

实证研究表明：在两种农户农资锁定购买行为影响因素中，情境因素的综合效应均明显大于直接因素；在品牌锁定购买行为影响因素中，功能价值的影响力度最大，社会规范、交易依赖关系和感知差异化次之，感知风险和感知成本最弱；在零售店锁定购买行为影响因素中，人情关系质量的影响力度最大，交易依赖关系、社会规范和感知差异化次之，零售商形象、商品形象、声誉形象、服务形象最弱。

# 第五章

# 农户农资锁定购买行为的
# 形成机理

　　农户农资锁定购买行为的形成会受到多方面因素的影响，是各种直接因素和情境因素共同作用的结果。在上一章节中，我们在顾客锁定、购买行为等相关理论的基础上，实证研究了品牌感知价值、零售店感知形象、感知差异化、交易依赖关系、人情关系质量及社会规范这些关键因素对农户农资锁定购买行为的重要影响，并比较分析了各影响因素在农户农资锁定购买行为形成中的不同作用，从而初步构建和检验了农户农资锁定购买行为影响因素的理论模型。这些直接或情境因素均对农户农资锁定购买行为产生重大的影响作用，但目前还没有揭示这些影响因素引发农户农资锁定购买行为的作用过程。人情关系质量、交易依赖关系、社会规范等情境因素对农户农资锁定购买行为的形成有着至关重要的影响，那么这些因素之间的交互作用及其对农户农资锁定购买行为的影响机制是什么呢？

　　探讨农户农资锁定购买行为的形成机理对于深化现有顾客购买行为理论有深刻的理论意义。为此，本章将主要围绕"农户农资锁定购买行为的形成路径"等研究主题，运用山东省、湖北省和四川省等地区农户调研数据深入探究各影响因素对农户农资锁定购买行为的作用路径，并实证比较不同锁定购买行为模式之间和同一锁定购买行为模式在不同区域之间的差异性，从而构建和检验农户农资锁定购买行为的形成机理模型。

## 第一节  农户农资锁定购买行为
## 形成的问题导出

乡村情境化因素对农户农资锁定购买行为的形成有着至关重要的影响。然而，现有顾客购买行为理论则更多地从引发顾客主动购买的内在诱因视角，探究质量、价格、风险等品牌感知价值及服务、声誉、便利性等零售店感知形象这些直接因素对顾客购买意愿和行为的重大影响（吴锦峰、胥朝阳，2010；Diallo，2012；Djatmiko and Pradana，2016），对顾客被动情境下锁定购买行为这一特定现象的相关探究较少。虽然少量文献通过实证分析探讨和凝练了顾客锁定购买行为的影响因素，即品牌感知价值、零售店感知形象等直接因素及感知差异化、交易依赖关系、人情关系质量、社会规范等情境因素（孙娟、李艳军，2014），但均未深入分析这些影响因素对锁定购买行为的作用机制。那么，在乡村社会环境下，影响农户产生锁定购买行为的情境因素有哪些？其作用机理是什么？不同锁定购买行为模式及同一锁定购买行为模式在不同区域中的形成机理是否存在显著差异？

目前，相关文献对上述问题还没有进行很好解答和验证，探讨农户农资锁定购买行为的形成机理对深化现有顾客购买行为理论仍有深刻的理论意义：第一，立足于乡村社会和农资购销的具体环境，重点从情境因素入手探讨顾客锁定购买这一有趣现象，分析农户农资锁定购买行为的形成机制，是深化顾客购买行为理论的一种有益尝试；第二，虽然少量文献揭示了顾客锁定购买行为的前置因素，但均没有深入探究这些前置因素对顾客锁定购买行为的影响路径及影响效果，而本章通过分析品牌感知价值、零售店感知形象、感知差异化、交易依赖关系、社会规范等因素之间的交互作用及其对农户农资锁定购买行为的影响，构建了农户农资锁定购买行为的形成机理模型；第三，不同区域背景下顾客锁定购买行为可能存在较大差异，但现有文献并未系统分析不同情境下顾客锁定购买行为及其形成机理的异同，而本章对不同经济和社会背景区域下农户农资锁定购买行为差异的实证分析将对丰富顾客购买行为理论具有一定的理论价值。

为此，本章扎根于乡村社会和农资市场的特殊环境，通过分析品牌感知价值、零售店感知形象、感知差异化、交易依赖关系、人情关系质量、社会规范对农户农资锁定购买行为的影响，构建农户农资锁定购买行为的形成机理模型。由于不同经济或社会背景下农户购买行为可能有所不同，因此分析不同区域环境下农户农资锁定购买行为异同将有助于深入解构顾客锁定购买行为的形成机理及作用边界。因而，本章选择在自然资源、农村市场经济及社会环境等方面存有较大差异且分别对我国东部、中部和西部地区具有一定代表性的山东省、湖北省和四川省为数据收集区域，通过对上述三省 431 位种植户的问卷调查进行实证检验，比较了不同锁定购买行为模式之间及同一锁定购买行为模式在不同区域之间的差异，以期为农资企业进行有效的顾客关系管理和开展品牌营销活动提供可借鉴的实践启示。

## 第二节　农户农资锁定购买行为形成
## 机理的理论假设

　　顾客锁定购买行为是指相对封闭的社会网络和相对稳定的购销关系导致的农户对特定农资品牌或零售店的某种被动或主观依赖，表现为在较长时间内频繁购买某特定品牌产品或惠顾某特定零售店的行为。依据锁定对象，锁定购买行为可划分为品牌锁定购买行为和零售店锁定购买行为两种模式。锁定购买行为的发生是直接因素和情境因素共同作用的结果，且情境因素的影响效应明显大于直接因素（孙娟、李艳军，2014），可见情境因素是锁定购买行为产生的关键诱因。同时，品牌信誉、店铺形象是顾客对产品质量和购物体验进行价值判断和评价的重要依据（张婧、蒋艳新，2016；单娟、范小军，2016），对顾客锁定购买行为的形成具有直接影响。因此，从直接因素和情境因素两方面来探究各影响因素的作用路径是构建锁定购买行为形成机理模型的重要视角。依据相关文献，本章对可能影响锁定购买行为形成的关键因素进行了系统梳理，主要包括品牌感知价值、零售店感知形象这两个直接因素及感知差异化、交易依赖关系、人情关系质量、社会规范这四个情境因素（孙娟、李艳军，2014；Erdil，2015；Shah et al.，2016；Koul et al.，2016；Tung-Ju et al.，2016）。本章将在此基础上实证检验各影响因素在顾客锁定购买行为形成过程中的作用机理。

　　依据品牌依恋和场所依赖理论，消费者在获取购物价值时与产品或场地之间存在特殊的依靠关系和认同关系，依靠关系强调的是顾客对资源及设施的功能性依赖，认同关系强调的是顾客对产品、人员、氛围等客观环境的精神性依赖（Hidalgo and Hernández，2001；姜岩、董大海，2008a；张春晖、白凯，2011）。当受到外部信号刺激时，消费者会基于刺激物特质或以往购物体验而形成刺激感知，并将这些刺激信号评价与其他同类刺激感知进行归类比较。如果某些刺激体验明显优于其他同类刺激，那么与该刺激物相关的一系列价值判断与体验记忆就会引发喜欢、兴奋、依赖等情感，进而直接使顾客产生购买意愿或行为（Babin and Laurie Babin，2001）。因此，本章基于以上理论文献和农资购销实际，提出以下顾客锁定购买行为的形成机理模型：首先，顾客接受企业营销的外部刺激之后会对产品或服务形成一系列的感知评价，这些刺激评价主要来自对产品品牌和零售店服务的主观感知；其次，顾客将现有购物价值与其他同类品牌或零售店的相关经历进行对比，从而形成品牌或零售店感知差异化；再次，这种感知差异化的特殊情感又极易诱发顾客对某品牌或零售店的功能性和精神性依赖；最后，顾客与品牌或零售店之间的依赖关系直接影响了锁定购买行为的发生。而买卖双方间的人际关系能为持续交易合作提供有效的信誉保障，因此人情关系质量会直接引发顾客零售店锁定购买行为。此外，周围群体会对顾客购买行为起到一定的引导作用，社会规范可能调节品牌感知价值与品牌锁定购买行为、零售店感知形象与零售店锁定购买行为之间的关系。本章研究的概念模型如图 5 - 1 所示。

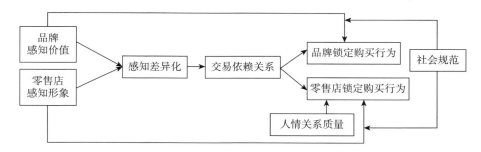

图 5 - 1　农户农资锁定购买行为形成机理模型

## 一　品牌感知价值、零售店感知形象与感知差异化的关系

品牌感知价值是顾客对企业提供产品或服务所具有的价值的主观认知和总体评价（Yoo and Park，2016），零售店感知形象是消费者对零售店的产品质量、价格等功能性属性和气味、装修氛围等非功能性属性的主观感觉与体验（Nikhashemi et al.，2016），它们都是顾客对其与品牌或零售店之间的交互过程和结果的知觉反应。作为企业营销外部刺激的反应结果，当消费者将该品牌或零售店与其他品牌或零售店进行同类比较时，品牌感知价值、零售店感知形象等主观知觉的评价越高就越可能导致农户对该品牌或零售店形成更深层次的差异化情感认知，即感知差异化就越高（Allard et al.，2009）。因此，本章提出如下假设。

H1：品牌感知价值对（品牌）感知差异化有显著正向影响。

H2：零售店感知形象对（零售店）感知差异化有显著正向影响。

## 二　感知差异化与交易依赖关系的关系

感知差异化是消费者对产品品牌或零售店差异化行为表现

的主观感知与评价，是产品品牌或零售店差异化在个人层面的心理反应（Chaudhuri et al.，2009），可分为产品品牌感知差异化、零售店服务感知差异化等。顾客感知差异化的大小会直接影响消费者对品牌或零售店情感反应的强弱（Chaudhuri et al.，2009），这种特殊情感的落差又极易导致顾客与特定品牌或零售店之间形成某种强烈的依赖关系，从而影响顾客对品牌或零售店的认知态度和偏好选择（Harrison et al.，2015）。因此，本章提出如下假设。

H3：（品牌）感知差异化对（品牌）交易依赖关系有显著正向影响。

H4：（零售店）感知差异化对（零售店）交易依赖关系有显著正向影响。

## 三 交易依赖关系与锁定购买行为的关系

交易依赖关系指交易双方为实现自我目标而依赖对方资源，从而致力于维持一个成功二元关系的状态（Masset and Decrop，2016）。相互依赖理论认为情境中双方相互依赖关系是一种社会结构，在特定的关系中人们会采取不同的行为。霍荣棉（2014）以相互依赖理论为基础，认为高依赖关系能激发双方的相互信任从而激活合作的社会动机，低依赖关系则导致双方较低的信任从而激活自利的社会动机。可见，交易依赖关系会强化个体对互动对象的关系动机，从而增加和提高相互交易的持续投入和合作频率。因此，本章提出如下假设。

H5：（品牌）交易依赖关系对品牌锁定购买行为有显著正向影响。

H6：（零售店）交易依赖关系对零售店锁定购买行为有显著正向影响。

## 四　品牌感知价值、零售店感知形象与锁定购买行为的关系

品牌感知价值、零售店感知形象均是直接影响顾客长期购买某品牌或惠顾某零售店的重要前因变量（Badrinarayanan et al.，2014；Erdil，2015）。品牌产品具有满足生理与安全需要的能力、体现自尊与社会认同的精神形象以及触发感官良好认知刺激的外在体验，对顾客品牌忠诚行为的形成有显著的正向影响（吴波等，2015）；零售店产品服务水平、促销力度、地理环境便利性及店铺商誉形象等因素能使消费者感受到更多的心理满足，有助于其获得更多的社会价值和情感价值（Lai et al.，2009）。由此可见，消费者对某品牌价值或某零售店形象的主观评价越高，他们在未来就越倾向于采取重复购买的行为策略。因此，本章提出如下假设。

H7：品牌感知价值对品牌锁定购买行为有显著正向影响。

H8：零售店感知形象对零售店锁定购买行为有显著正向影响。

## 五　社会规范的调节作用

顾客消费行为选择在很大程度上还会受到社会因素的调节作用，社会规范是指参照群体通过向个体展示态度、规则和愿望等使个体服从群体规则的社会压力（姜凌等，2009），因此在不同社会规范的作用下，品牌感知价值和零售店感知形象对顾客锁定购买行为存在不同的影响效应。Shan 和 King 指出，当两个或两个以上的信息来源对某事物的意见相同时，口碑传播效果及顾客购买意愿会比单一来源更强烈（Shan and King，2015）。当周围较多群

体购买某品牌或惠顾某零售店时，这种来自外界对品牌或零售店的正面态度会增强消费者的积极信念，那么相比较低的社会规范情境，良好的品牌或零售店感知就越可能促成顾客长期锁定购买行为的发生。因此，本章提出如下假设。

H9：社会规范对品牌感知价值对品牌锁定购买行为的影响有显著正向调节作用。

H10：社会规范对零售店感知形象对零售店锁定购买行为的影响有显著正向调节作用。

## 六　人情关系质量与锁定购买行为的关系

人情关系质量是指消费者对买卖双方人情关系强度的总体评价，即人情关系的亲疏远近程度（Chen et al.，2011），它是一个比服务质量更能解释顾客购后行为的基本结构（Roberts et al.，2003）。顾客保留、再次惠顾和口碑传播等购后行为均是高人情关系质量的行为结果（Thomas et al.，2011；张欣等，2014）。依据Boccaletti 等（2006）的面子—回报理论，资源分配者在面临理智与情感困境时会将人情关系质量的付出和回报进行比较，当回报大于成本即人情关系质量较高时，资源分配者会接受请托者的要求，使请托者很有面子并相信资源分配者不会做出损害自己的机会主义行为，从而增强了合作者之间的交易信心。依据马斯洛需求层次理论，较高的人情关系质量能满足双方社会交往的心理需要，进而增强双方长期交易行为的持续意愿。尤其是在乡土人情浓厚的农资购销市场，农户与农资店主之间长期维持着一种稳定的人际关系，这种高强度和高稳定的关系能增加农户在其他店铺购物时所不能体验到的附加价值，从而直接导致农户零售店锁定购买行为的发生。相比零售店锁定购买行为，农户品牌锁定购买行为与城市商场中的买卖关系行为有较多的相似之处，其行为产生更多是品牌自身的价值感知所导致的，因而人情关系质量是影响农户零售店锁定购买行为的重要变量。因此，本章提出如下假设。

H11：人情关系质量对零售店锁定购买行为有显著正向影响。

## 第三节　本章研究设计与方法

### 一　变量界定与测量

本研究变量的测量是在借鉴国内外相关文献中普遍使用的量表的基础上进行再修订而成：首先，本章将国外相关量表进行"双语翻译"以保证翻译后的量表尽可能不改变原来量表的语句意义，对于国内量表则尽可能多地保留初始量表中的测量语项，同时根据乡村农民生活和农资购销环境的实际情况对部分语句进行适当修正，从而形成了本研究的初始测量量表；其次，研究者征求了营销学和消费者行为学研究领域几位专家和学者对本研究量表语义的相关意见，在不改变原量表基本内容和结构的前提下进一步完善了各量表语项的测量内容；最后，调查人员在湖北省武汉市周边地区组织了多次预调查，在对回收的有效问卷进行探索性因子分析之后依据施丽芳等（2012）筛选题项的方法剔除了各题项中因子负荷系数在 0.5 以下的语项，调整了部分含义不明或存在歧义的项目，并再次邀请相关专家仔细鉴别各变量内涵和测项之间的一致性，最终确定了能达到本研究目的的正式调查问卷。各变量的设定与测量如表 5－1 所示。

表 5 - 1　直接或情境因素各变量与锁定购买行为因变量的
设定与测量

| 研究变量 | | 项目数（个） | 测量语句部分示例 | 参考出处 |
|---|---|---|---|---|
| 自变量 | 品牌感知价值 | 4 | 该农资品牌产品的使用效果好；<br>相比其他同类产品，该农资品牌产品的价格我能接受 | Sweeney and Soutar（2001） |
| | 零售店感知形象 | 4 | 该零售店能提供及时主动的服务；<br>该零售店整体形象好，值得信赖 | Vahie and Paswan（2006） |
| | 人情关系质量 | 4 | 我与该零售商相处融洽；<br>如果不光顾该零售店，我会不好意思 | Lee and Dawes（2005） |
| 中介变量 | 感知差异化 | 3 | 与其他品牌（零售店）相比，该农资品牌（零售店）更吸引我；<br>与其他品牌（零售店）相比，该农资品牌（零售店）给我留下更好的印象 | Naidoo and Abratt（2018） |
| | 交易依赖关系 | 3 | 我信赖该农资品牌产品（零售店）；<br>如更换该农资品牌（零售店），我将很难找到满足我所需的其他农资品牌（零售店） | 俞芳等（2013） |
| 因变量 | 品牌锁定购买行为 | 4 | 在未来，我会长期购买该农资品牌产品；<br>当再次购买农资产品时，我习惯购买该农资品牌 | 李东进等（2007） |
| | 零售店锁定购买行为 | 4 | 在未来，我会长期到该零售店购买农资产品；<br>当再次购买农资产品时，我习惯到该农资零售店购买 | 李东进等（2007） |
| 社会规范 | | 3 | 我周围的很多农户使用该农资品牌产品（到该零售店购买农资产品）；<br>我周围其他农户多次购买该农资品牌产品（到该零售店购买农资产品） | Bagozzi et al.（2001）；Ajzen and Madden（2006） |

## 二 数据收集与基本统计

本研究采用问卷调查法进行样本数据的收集，主要选取山东省寿光市，湖北省潜江市和仙桃市，四川省成都市大邑县、双流区及邛崃市为考察地点。选择以上地区种植户为调查对象有以下原因：① 山东省、湖北省和四川省分别位于我国东部、中部和西部地区，地处或靠近华北平原、江汉平原和成都平原地带，均是我国粮食作物和经济作物的重要产区，这三个省也是典型的农业经济生产大省；② 各省农业生产经营区域相对集中，农户聚居在相对密集的村落之中，方便研究人员走访到户进行问卷调查；③ 各区域农业经济发展状况、农资市场发展程度等经济特征存在一定的差异，使得研究样本呈现较大的多样性，从而增加了本章研究的科学性和可靠性。本章采用面对面访谈形式完成问卷共 500 份，其中有效问卷 431 份，有效率 86.2%，达到了问卷数量和质量的基本要求。被调查者基本统计资料如表 5 - 2 所示。

表 5 - 2　第五章研究有效样本基本统计资料结果

| 统计特征 | 分类 | 频数 | 百分比（%） | 统计特征 | 分类 | 频数 | 百分比（%） |
|---|---|---|---|---|---|---|---|
| 性别 | 男性 | 233 | 54.1 | 地区 | 山东省 | 147 | 34.1 |
| | 女性 | 198 | 45.9 | | 湖北省 | 141 | 32.7 |
| 文化程度 | 小学以下 | 74 | 17.2 | | 四川省 | 143 | 33.2 |
| | 小学 | 135 | 31.3 | 耕地面积 | 0~2 亩 | 223 | 51.7 |
| | 初中 | 183 | 42.5 | | 3~4 亩 | 98 | 22.7 |
| | 高中及以上 | 39 | 9.0 | | 5 亩及以上 | 110 | 25.5 |

| 统计特征 | 分类 | 频数 | 百分比（%） | 统计特征 | 分类 | 频数 | 百分比（%） |
|---|---|---|---|---|---|---|---|
| 年龄 | 20～39岁 | 81 | 18.8 | 家庭农业年均收入 | 0～2万元 | 165 | 38.3 |
| | 40～59岁 | 237 | 55.0 | | 3万～4万元 | 93 | 21.6 |
| | 60岁及以上 | 113 | 26.2 | | 5万元及以上 | 173 | 40.1 |

## 三　数据信度与效度检验

信度检验是反映对同一对象采用同一方法进行重复测量时所得结果一致性和稳定性程度的重要方法。本章综合运用 SPSS 17.0 和 AMOS 17.0 统计软件，分别采用 Cronbach's α 系数和组合信度 ρc 系数对相关量表内部一致性进行了信度分析。分析结果表明，各变量 Cronbach's α 系数值为 0.750～0.885（均大于 0.7），且组合信度 $\rho_c$ 系数值为 0.808～0.895（均大于 0.6），说明本章研究变量具有较高的内部一致性，能稳定可靠地揭示各概念的本质特征，满足了研究分析的要求。

效度检验是反映测量工具能否准确测出所需考察对象或内容真实性和有用性程度的关键步骤，主要包括内容效度、收敛效度和判别效度三类检验。本章研究的主要变量及其测量项目均来源于明确的文献资料，并依据农村调查实际和专家学者意见对问卷内容进行了适当修正，因而问卷量表具有较高的内容效度。通过验证性因子分析，本章各概念测量模型的拟合指标（$\chi^2/df$、GFI、AGFI、RMR、CFI、NFI）及模型整体适配度都已达到研究可接受的标准，且各变量平均变异量抽取值 AVE 均大于 0.5，说明本研究测量量表具有良好的收敛效度。同时各变量 AVE 的平方根均大于该变量与其他变量之间的相关系数，说明不同潜在变量之间存在显著性差异，本研究测量变量具有较好的判别效度。各变量信度与效度分析结果见表 5 - 3 和表 5 - 4。

**表 5 - 3  直接或情境因素各变量与锁定购买行为因变量的验证性因子分析结果**

| 研究变量 | | Cronba-ch's α | $\rho_c$ | AVE | $\chi^2/df$ | GFI | AGFI | RMR | CFI | NFI |
|---|---|---|---|---|---|---|---|---|---|---|
| 自变量 | 品牌感知价值 | 0.827 | 0.808 | 0.518 | 1.162 | 0.999 | 0.987 | 0.004 | 1.000 | 0.998 |
| | 零售店感知形象 | 0.846 | 0.849 | 0.587 | 3.062 | 0.993 | 0.966 | 0.010 | 0.994 | 0.992 |
| | 人情关系质量 | 0.750 | 0.813 | 0.534 | 1.066 | 1.000 | 0.999 | 0.003 | 1.000 | 1.000 |
| 中介变量 | （品牌）感知差异化 | 0.870 | 0.873 | 0.698 | — | — | — | — | — | — |
| | （零售店）感知差异化 | 0.885 | 0.886 | 0.721 | — | — | — | — | — | — |
| | （品牌）交易依赖关系 | 0.854 | 0.861 | 0.676 | — | — | — | — | — | — |
| | （零售店）交易依赖关系 | 0.871 | 0.877 | 0.706 | — | — | — | — | — | — |
| 因变量 | 品牌锁定购买行为 | 0.816 | 0.895 | 0.683 | 0.587 | 0.999 | 0.993 | 0.003 | 1.000 | 1.000 |
| | 零售店锁定购买行为 | 0.841 | 0.887 | 0.663 | 0.305 | 1.000 | 0.996 | 0.002 | 1.000 | 1.000 |
| | （品牌）社会规范 | 0.882 | 0.888 | 0.727 | — | — | — | — | — | — |
| | （零售店）社会规范 | 0.881 | 0.888 | 0.728 | — | — | — | — | — | — |

注：表格中"—"表示各拟合优度指数优良，模型达到完美拟合状态。

表 5 – 4　直接或情境因素各变量与锁定购买行为因变量的

相关系数和 AVE 平方根

| 变量 | 1 | 2 | 3 | 4 | 5 | 6 | 7 | 8 | 9 | 10 | 11 |
|------|------|------|------|------|------|------|------|------|------|------|------|
| 1 | 0.720 | — | — | — | — | — | — | — | — | — | — |
| 2 | 0.015 | 0.766 | — | — | — | — | — | — | — | — | — |
| 3 | 0.024 | 0.158* | 0.731 | — | — | — | — | — | — | — | — |
| 4 | 0.347* | 0.086 | 0.085 | 0.835 | — | — | — | — | — | — | — |
| 5 | 0.005 | 0.346* | 0.395* | 0.127 | 0.849 | — | — | — | — | — | — |
| 6 | 0.243* | 0.056 | 0.134 | 0.297* | 0.184 | 0.822 | — | — | — | — | — |
| 7 | 0.050 | 0.250* | 0.409* | 0.114 | 0.362* | 0.004 | 0.840 | — | — | — | — |
| 8 | 0.220* | 0.088 | 0.186 | 0.265* | 0.111 | 0.263* | 0.056 | 0.853 | — | — | — |
| 9 | 0.081 | 0.250* | 0.244* | 0.112 | 0.220* | 0.039 | 0.235* | 0.119 | 0.853 | — | — |
| 10 | 0.382* | 0.042 | 0.112 | 0.241* | 0.163 | 0.420* | 0.170 | 0.249* | 0.072 | 0.826 | — |
| 11 | 0.052 | 0.288* | 0.333* | 0.175 | 0.310* | 0.121 | 0.350* | 0.056 | 0.273* | 0.118 | 0.814 |

注：（1）　$**p < 0.01$，$*p < 0.05$。（2）各变量表示如下：1. 品牌感知价值 2. 零售店感知形象 3. 人情关系质量 4.（品牌）感知差异化 5.（零售店）感知差异化 6.（品牌）交易依赖关系 7.（零售店）交易依赖关系 8.（品牌）社会规范 9.（零售店）社会规范 10. 品牌锁定购买行为 11. 零售店锁定购买行为。（3）对角线上的数值为各变量 AVE 的平方根，非对角线上的数值为各变量之间的相关系数。

## 第四节　农户农资锁定购买行为形成机理分析

### 一　农户农资锁定购买行为形成机理的假设检验分析

为更清晰地探究农户不同锁定购买行为模式的影响路径及内在机理，本章运用结构方程模型分别对品牌锁定和零售店锁定两种购买行为模型进行实证检验，采用极大似然法分别估计各行为模型的整体拟合度和路径系数值，以期深入分析各影响因素与不同锁定购买行为之间的因果关系。各模型整体适配度及路径系数检验结果如表 5 – 5 所示。

表 5 - 5　不同锁定购买行为形成机理的主效应检验及路径系数结果

| 品牌锁定购买行为 | | | 零售店锁定购买行为 | | |
|---|---|---|---|---|---|
| 假设路径 | 标准化系数 | T 值 | 假设路径 | 标准化系数 | T 值 |
| H1：品牌感知价值→（品牌）感知差异化 | 0.259 | 2.787* | H2：零售店感知形象→（零售店）感知差异化 | 0.288 | 2.621* |
| H3：（品牌）感知差异化→（品牌）交易依赖关系 | 0.244 | 2.524* | H4：（零售店）感知差异化→（零售店）交易依赖关系 | 0.326 | 3.527* |
| H5：（品牌）交易依赖关系→品牌锁定购买行为 | 0.336 | 3.061* | H6：（零售店）交易依赖关系→零售店锁定购买行为 | 0.387 | 4.133 |
| H7：品牌感知价值→品牌锁定购买行为 | 0.296 | 2.875* | H8：零售店感知形象→零售店锁定购买行为 | 0.205 | 2.136* |
| | | | H11：人情关系质量→零售店锁定购买行为 | 0.471 | 5.209* |
| 模型拟合指标：$\chi^2/df = 1.306$，GFI = 0.975，AGFI = 0.957，RMR = 0.015，CFI = 0.996，NFI = 0.983 | | | 模型拟合指标：$\chi^2/df = 1.201$，GFI = 0.967，AGFI = 0.949，RMR = 0.022，CFI = 0.996，NFI = 0.979 | | |

注：*$p < 0.05$。

从表 5 - 5 可以看出，各结构方程模型的主要拟合指标 $\chi^2/df$（小于 3）、GFI（大于 0.9）、AGFI（大于 0.9）、RMR（小于 0.05）、CFI（大于 0.9）、NFI（大于 0.9）结果均较好，已达到研究可接受的水平，说明各模型整体具有良好的适配度。品牌锁定购买行为模型输出结果显示，品牌感知价值（$\beta = 0.259$，T = 2.787，P < 0.05）能显著正向影响（品牌）感知差异化，（品牌）感知差异化（$\beta = 0.244$，T = 2.524，P < 0.05）又能显著正向影响（品牌）交易依赖关系，而（品牌）交易依赖关系（$\beta = 0.336$，

T＝3.061，P＜0.05）对品牌锁定购买行为有显著的正向影响，因此假设 H1、H3、H5 通过验证，认为品牌感知价值能通过感知差异化和交易依赖关系的中介作用而对品牌锁定购买行为产生重要的积极影响；同时品牌感知价值（$\beta$＝0.296，T＝2.875，P＜0.05）能直接正向影响品牌锁定购买行为，因此假设 H7 通过验证，认为品牌感知价值也能对品牌锁定购买行为具有直接的积极作用。依据零售店锁定购买行为模型输出的结果，我们可以得出相似的结论：零售店感知形象能通过感知差异化和交易依赖关系的中介作用而对零售店锁定购买行为产生重要的积极影响，也能直接正向影响零售店锁定购买行为，因此假设 H2、H4、H6、H8 得到验证。此外，人情关系质量（$\beta$＝0.471，T＝5.209，P＜0.05）对零售店锁定购买行为具有显著的正向影响，因此假设 H11 得到验证。

为检验社会规范在不同锁定购买行为中的影响作用，本章依据 Aiken 和 West（1991）调节效应的回归分析法分别验证了社会规范对品牌感知价值影响品牌锁定购买行为、零售店感知形象影响零售店锁定购买行为的调节作用，回归分析结果如表 5－6 所示。

表 5－6　社会规范在不同锁定购买行为形成机理中的
调节效应检验结果

| 变量 | 品牌锁定购买行为 | | | 零售店锁定购买行为 | | |
|---|---|---|---|---|---|---|
| | M1 | M2 | M3 | M4 | M5 | M6 |
| 性别 | －0.117* | －0.007 | －0.005 | 0.071* | 0.050 | 0.046 |
| 年龄 | 0.167* | 0.029 | 0.029 | －0.143* | －0.010 | －0.011 |
| 文化程度 | 0.111* | 0.021 | 0.036 | －0.141* | －0.006 | －0.007 |
| 家庭农业年均收入 | 0.143* | 0.055* | 0.047 | 0.139* | 0.075* | 0.071* |

| 变量 | 品牌锁定购买行为 | | | 零售店锁定购买行为 | | |
|---|---|---|---|---|---|---|
| | M1 | M2 | M3 | M4 | M5 | M6 |
| 品牌感知价值 | | 0.296* | 0.285* | | | |
| （品牌）社会规范 | | 0.184* | 0.166* | | | |
| 零售店感知形象 | | | | | 0.205* | 0.145* |
| （零售店）社会规范 | | | | | 0.317* | 0.278* |
| 品牌感知价值 × （品牌）社会规范 | | | 0.232* | | | |
| 零售店感知形象 × （零售店）社会规范 | | | | | | 0.141* |
| $R^2$ | 0.042 | 0.503 | 0.420 | 0.029 | 0.486 | 0.379 |
| F | 4.628* | 67.141* | 55.300* | 3.990* | 64.960* | 54.251* |

注：*$p < 0.05$。

由表 5-6 可以看出，当品牌锁定购买行为为因变量时，品牌感知价值与社会规范的交互作用项能显著正向影响品牌锁定购买行为（M3，$\beta = 0.232$，$P < 0.05$），从而假设 H9 通过验证，认为社会规范能正向调节品牌感知价值与品牌锁定购买行为之间的关系，即社会规范越强，品牌感知价值对品牌锁定购买行为的影响越显著，反之则显著性降低。当零售店锁定购买行为为因变量时，零售店感知形象与社会规范的交互作用项能显著正向影响零售店锁定购买行为（M6，$\beta = 0.141$，$P < 0.05$），从而假设 H10 通过验证，认为社会规范能正向调节零售店感知形象与零售店锁定购买行为之间的关系，即社会规范越强，零售店感知形象对零售店锁定购买行为的影响越显著，反之则显著性降低。

## 二 农户农资锁定购买行为形成机理的 SEM 分析

多群组结构方程模型（SEM）分析可用于不同样本群体中各变量之间影响效应的差异性检验，本章采用多群组结构方程模型分析法来深入探究我国山东省、湖北省和四川省农户在不同锁定购买行为形成路径之间的差异性，以进一步探讨不同区域环境下农户农资锁定购买行为的影响机理模型。从多群组结构方程模型各主要拟合指标来看，$\chi^2/df$ 值介于 1.132 至 1.244，均小于适配临界值 3；GFI 值介于 0.904 至 0.938，均大于标准值 0.9；AGFI 值介于 0.859 至 0.898，均大于尚可接受的标准值 0.8；RMR 值除有一值为 0.055 外，其他介于 0.026 至 0.048，小于标准值 0.05；CFI 值介于 0.989 至 0.992，均大于标准值 0.9；NFI 值介于 0.933 至 0.959，均大于标准值 0.9。这说明多群组结构方程模型能够较好地与观察数据相契合。多群组结构方程模型检验结果如表 5－7 所示。

表 5－7　不同区域不同锁定购买行为分组假设检验结果

| 路径 | | 山东省 | | 湖北省 | | 四川省 | |
|---|---|---|---|---|---|---|---|
| | | 路径系数 | T 值 | 路径系数 | T 值 | 路径系数 | T 值 |
| 品牌锁定购买行为 | H1 | 0.114 | 1.360 | 0.215* | 2.294 | 0.243* | 3.077 |
| | H3 | 0.213* | 2.597 | 0.228* | 2.447 | 0.267* | 3.602 |
| | H5 | 0.187* | 2.146 | 0.211* | 2.189 | 0.356* | 4.297 |
| | H7 | 0.257* | 3.299 | 0.232* | 2.521 | 0.219* | 2.693 |
| | 模型拟合指标 | $\chi^2/df$ = 1.216, GFI = 0.938, AGFI = 0.898, RMR = 0.038, CFI = 0.992, NFI = 0.955 | | $\chi^2/df$ = 1.244, GFI = 0.928, AGFI = 0.881, RMR = 0.027, CFI = 0.992, NFI = 0.959 | | $\chi^2/df$ = 1.138, GFI = 0.934, AGFI = 0.890, RMR = 0.026, CFI = 0.991, NFI = 0.936 | |

续表

| 路径 | | 山东省 | | 湖北省 | | 四川省 | |
|---|---|---|---|---|---|---|---|
| | | 路径系数 | T 值 | 路径系数 | T 值 | 路径系数 | T 值 |
| 零售店锁定购买行为 | H2 | 0.183 | 1.768 | 0.233* | 2.262 | 0.259* | 2.740 |
| | H4 | 0.194 | 1.897 | 0.273* | 3.141 | 0.321* | 3.931 |
| | H6 | 0.227* | 2.368 | 0.234* | 2.314 | 0.353* | 4.257 |
| | H8 | 0.242* | 2.597 | 0.218* | 2.113 | 0.204* | 2.285 |
| | H11 | 0.126 | 1.469 | 0.254* | 2.807 | 0.387* | 4.552 |
| | 模型拟合指标 | $\chi^2/df$ = 1.168, GFI = 0.904, AGFI = 0.865, RMR = 0.035, CFI = 0.992,NFI = 0.945 | | $\chi^2/df$ = 1.192, GFI = 0.904, AGFI = 0.859, RMR = 0.055, CFI = 0.989,NFI = 0.939 | | $\chi^2/df$ = 1.132, GFI = 0.909, AGFI = 0.873, RMR = 0.048, CFI = 0.992,NFI = 0.933 | |

注：* $p < 0.05$。

表 5 – 7 结果表明，在分组样本中各变量间的影响效应与全部样本的分析结果大致相同，但不同区域样本中锁定购买行为的影响路径及表现形式还存在某些显著的差异，主要表现在：第一，在品牌锁定购买行为模式中，从品牌感知价值对（品牌）感知差异化的影响（H1）、（品牌）感知差异化对（品牌）交易依赖关系的影响（H3）及（品牌）交易依赖关系对品牌锁定购买行为的影响（H5）来看，四川省比山东省和湖北省的影响效果大，而从品牌感知价值对品牌锁定购买行为的影响（H7）来看，山东省和湖北省比四川省的影响效果大；第二，在零售店锁定购买行为模式中，从零售店感知形象对（零售店）感知差异化的影响（H2）、（零售店）感知差异化对（零售店）交易依赖关系的影响（H4）、（零售店）交易依赖关系对零售店锁定购买行为的影响（H6）及人情关系质量对零售店锁定购买行为的影响（H11）来看，四川省和湖北省比山东省的影响效果大，而从零售店感知形象对零售店锁定购买行为的影响

（H8）来看，山东省比四川省和湖北省的影响效果大；第三，从不同区域农户与品牌或零售店的交易依赖关系来看，山东省农户倾向于采取低品牌锁定、低零售店锁定的购买行为模式，湖北省农户倾向于采取低品牌锁定、高零售店锁定的购买行为模式，而四川省农户更多表现为高品牌锁定、高零售店锁定的购买行为模式。

为深入分析不同区域各直接因素和情境因素对不同农户农资锁定购买行为的影响程度，本章通过比较各潜在变量与品牌或零售店锁定购买行为之间的直接效应值、间接效应值和总效应值（见表5－8）发现：在山东省农户农资锁定购买行为中，品牌感知价值对品牌锁定购买行为的影响总效应（0.262）分别大于交易依赖关系（0.187）、感知差异化（0.040）这两个情境因素对品牌锁定购买行为的影响总效应，零售店感知形象对零售店锁定购买行为的影响总效应（0.250）也分别大于交易依赖关系（0.227）、人情关系质量（0.126）和感知差异化（0.044）这三个情境因素对零售店锁定购买行为的影响总效应；在湖北省农户农资锁定购买行为中，品牌感知价值对品牌锁定购买行为的影响总效应（0.242）分别大于交易依赖关系（0.211）、感知差异化（0.048）这两个情境因素对品牌锁定购买行为的影响总效应，而人情关系质量（0.254）、交易依赖关系（0.234）这两个情境因素对零售店锁定购买行为的影响总效应却均大于零售店感知形象（0.233）这一直接因素对零售店锁定购买行为的影响总效应，感知差异化对零售店锁定购买行为的影响总效应（0.064）则较弱；在四川省农户农资锁定购买行为中，交易依赖关系（0.356）这一情境因素对品牌锁定购买行为的影响总效应大于品牌感知价值（0.242）这一直接因素对品牌锁定购买行为的影响总效应，感知差异化对品牌锁定购买行为的影响总效应（0.095）则较弱，人情关系质量（0.387）、交易依赖关系（0.353）这两个情境因素对零售店锁定购买行为的影响总效应均大于零售店感知形象（0.233）这一直接因素对零售店锁定购买行为的影响总效应，感知差异化对零售店锁定购买行为的影响总效应（0.113）仍较弱。

表 5 - 8　不同区域各潜变量与不同锁定购买行为之间的
直接效应、间接效应和总效应

| 变量关系 | | 山东省 | | | 湖北省 | | | 四川省 | | |
|---|---|---|---|---|---|---|---|---|---|---|
| | | 直接效应 | 间接效应 | 总效应 | 直接效应 | 间接效应 | 总效应 | 直接效应 | 间接效应 | 总效应 |
| 品牌锁定购买行为 | 品牌感知价值→品牌锁定购买行为 | 0.257 | 0.005 | 0.262 | 0.232 | 0.010 | 0.242 | 0.219 | 0.023 | 0.242 |
| | 感知差异化→品牌锁定购买行为 | — | 0.040 | 0.040 | — | 0.048 | 0.048 | — | 0.095 | 0.095 |
| | 交易依赖关系→品牌锁定购买行为 | 0.187 | — | 0.187 | 0.211 | — | 0.211 | 0.356 | — | 0.356 |
| 零售店锁定购买行为 | 零售店感知形象→零售店锁定购买行为 | 0.242 | 0.008 | 0.250 | 0.218 | 0.015 | 0.233 | 0.204 | 0.029 | 0.233 |
| | 感知差异化→零售店锁定购买行为 | — | 0.044 | 0.044 | — | 0.064 | 0.064 | — | 0.113 | 0.113 |
| | 交易依赖关系→零售店锁定购买行为 | 0.227 | — | 0.227 | 0.234 | — | 0.234 | 0.353 | — | 0.353 |
| | 人情关系质量→零售店锁定购买行为 | 0.126 | — | 0.126 | 0.254 | — | 0.254 | 0.387 | — | 0.387 |

# 第五节　本章主要结论与启示

## 一　农户农资锁定购买行为形成机理的主要结论

本章以中国乡村社会和农资市场的特殊环境为研究背景，依据锁定对象将锁定购买行为划分为品牌锁定购买行为和零售店锁定购买行为两种模式，重点以购买情境为切入点深入探讨了感知差异化、交易依赖关系、人情关系质量、社会规范等因素对农户农资锁定购买行为的影响，构建了农户农资锁定购买行为的形成机理模型，运用山东省、湖北省和四川省三省农户调研数据进行了实证检验，并比较了不同锁定购买行为模式之间和同一锁定购买行为模式在不同区域之间的差异，主要结论如下。

第一，从农户农资锁定购买行为的形成路径来看，品牌锁定和零售店锁定两种行为模式在形成路径上存在某种相似性，但也具有一些不同之处。其相似性表现在两点。第一点，品牌感知价值或零售店感知形象均能直接正向影响品牌锁定购买行为或零售店锁定购买行为，同时能通过感知差异化和交易依赖关系的中介作用而对品牌或零售店锁定购买行为产生积极的影响，说明品牌感知价值和零售店感知形象对农户农资锁定购买行为具有直接影响和间接影响的双重作用。一方面，农资产品是农户农业生产的重要资料，农户对品牌或零售店的评价会直接影响他们对某农资品牌产品或某农资零售店的固定选择行为，因此对品牌或零售店的认知评价是影响农户形成锁定购买行为的重要变量，而顾客行为理论也认为品牌感知价值、零售店感知形象对顾客购买行为具有直接影响（吴锦峰、胥朝阳，2010；Diallo，2012；Djatmiko and Pradana，2016），本章研究再次验证了这一重要理论；另一方面，农户对品牌或零售店的主观评价的高低会引起他们对该品牌或零售店与其他同类品牌或零售店之间差异化程度的落差反应，这种认知落差的大小又会显著影响农户与品牌或零售店之间的交易依赖关系，从而导致农户形成长期固定购买某农资品牌产品或惠顾某农资零售店的行为。此研究结论揭示了品牌或零售店感知对农户农资锁定购买行为的影响路径，而现有顾客行为理论少有立足于乡村社会具体情境来分析顾客锁定购买行为的形成机制，因此本章研究在一定程度上拓展和深化了现有顾客行为理论。第二点，社会规范能正向调节品牌感知价值与品牌锁定购买行为、零售店感知形象与零售店锁定购买行为之间的关系，这说明社会规范是影响农户农资锁定购买行为的重要情境因素。当周围较多农户购买同一农资产品或惠顾同一农资零售店时，出于群体压力或从众心理，较高的品牌或零售店感知评价会更易触发农户锁定购买某品牌产品或惠顾某零售店的行为。

然而，与品牌锁定购买行为不同的是，人情关系质量对零售店锁定购买行为具有显著的正向影响，说明人情关系质量是导致农户零售店锁定购买行为的关键动因。在人情较为浓厚的乡村社会，交易双方间的购销关系不同于大众消费市场中的买卖关系，处于相对封闭和狭小社区环境的农户与农资零售商的互动更为频繁和紧密，他们之间的交易关系更为稳定，这种"熟人"关系反映了彼此高度的人际信任。依据信任迁移理论，这种情感信任会促使农户相信店主所提供的农资产品具有较高的质量保障（孙娟、李艳军，2014），从而使零售商行为往往代表着其所经营的零售店形象，因此人情关系质量能直接导致农户零售店锁定购买行为的发生，而品牌锁定购买行为则更多受品牌感知价值影响。

第二，从不同区域同一锁定购买行为模式对比结果来看，不同区域农户农资锁定购买行为的表现模式存在显著差异。就影响路径而言，由品牌感知价值所引发的交易依赖关系对品牌锁定购买行为的影响在四川省比在山东省和湖北省更大，而品牌感知价值对品牌锁定购买行为的直接影响在山东省和湖北省比在四川省更大，说明在四川省交易依赖关系是品牌锁定购买行为形成的关键因素，而在山东省和湖北省品牌感知价值是品牌锁定购买行为形成的关键因素；由零售店感知形象所引发的交易依赖关系对零售店锁定购买行为的影响在四川省和湖北省比在山东省更大，而零售店感知形象对零售店锁定购买行为的直接影响在山东省比在四川省和湖北省更大，说明在四川省和湖北省交易依赖关系是零售店锁定购买行为形成的关键因素，而在山东省零售店感知形象是零售店锁定购买行为形成的关键因素。就表现形式而言，山东省农户倾向于采取低品牌锁定、低零售店锁定的购买行为模式，湖北省农户倾向于采取低品牌锁定、高零售店锁定的购买行为模式，而四川省农户更多表现为高品牌锁定、高零售店锁定的购买行为模式。

社会嵌入理论认为，个体行动者的经济行为是嵌入社会关系网络之中的，会受到其所处社会情境的渗入和规约（London and Hart，2004）。山东省、湖北省和四川省分别位于中国东部、中部和西部地区，在自然条件和经济发展水平上有明显差异，这必然导致各地区农户购买行为在乡村社会网络封闭性和购销关系稳定性上的差异。山东省地形以平原和丘陵为主，且伴随农村经济工业化和城市化的发展，乡村人际社会结构较湖北省和四川省开放，同质性和稳定性的购销关系逐渐表现为多元化和动态化的发展趋势，从而导致农户对农资品牌和零售店的选择更为多样化，也就降低了农户对某品牌或零售店的锁定程度。相反，四川省边缘地区以山地为主、市场化进程较慢，这导致其乡村社会网络较为封闭、购销关系较为稳定，农户不得不高度依赖某农资品牌或零售店以保证农业生产的顺利进行。而湖北省乡村处于社会网络半封闭、购销关系半稳定的状态，一方面半封闭的社会网络结构使得农户面临较多的品牌选择，导致农户品牌锁定的程度较低，另一方面半稳定的购销关系使得农户受制于有限的零售店选择，从而形成较高的零售店锁定购买行为。

第三，从同一区域不同锁定购买行为模式对比结果来看，不同区域农户农资锁定购买行为影响因素的作用路径及程度存在明显的差异。在山东省，无论是在品牌锁定购买行为还是在零售店锁定购买行为中，直接因素的影响效应均大于情境因素；在湖北省，在品牌锁定购买行为中直接因素的影响效应均大于情境因素，而在零售店锁定购买行为中大部分情境因素的影响效应大于直接因素；在四川省，无论是在品牌锁定购买行为还是在零售店锁定购买行为中，情境因素的影响效应均大于直接因素，且感知差异化的影响效应均较弱。

依据资源依赖理论，个体或组织通过与控制资源的其他实体之间的互动形成强烈的依赖关系，且可以通过其他资源选择来调整对环境的依赖程度（Duschek，2004）。山东省农业经济发展快速、农资市场发达，一方面，农户所面临的农资品牌和零售店选择十分宽广，导致其与某一品牌或零售店的依赖关系较弱，进而降低了情境因素对农户农资锁定购买行为的影响；另一方面，激烈的农资市场竞争极大地提高了山东省农资品牌产品质量和零售店服务水平，较高的产品质量、良好的农资超市环境、电子化服务设备使得农户对农资品牌和零售店的感知评价较高，因而加强了直接因素对农户农资锁定购买行为的作用。湖北省农业经济较为发达，品牌较多、零售店较少的农资市场环境使得农户的品牌依赖感较弱、零售店依赖感较强，且小型农资零售店渠道营销模式导致农户与零售商均较注重买卖交易中的人情关系，因此品牌感知价值对品牌锁定购买行为的影响较大，而人情关系质量、交易依赖关系等情境因素对零售店锁定购买行为的影响较大。四川省农资市场则欠发达，农资品牌和零售店的选择均较少，更易引发农户对品牌和零售店的依赖，从而导致情境因素对农户农资锁定购买行为的作用更大。

## 二　农户农资锁定购买行为形成机理的政策启示

本章实证检验了农户农资锁定购买行为的形成机理模型，研究结论对农资企业开展合理的品牌营销和顾客关系管理战略及政府宏观调控农资市场具有一定的借鉴意义。

第一，农资企业在管理品牌资产以增强农户购买农资产品意愿的同时，应注重零售商的合理选择与管理，从而使人情关系质量、交易依赖关系等情境因素在吸引农户购买农资产品或惠顾农资零售店的过程中发挥更大的作用。为此，农资企业一方面可通过提供优质的品牌产品、良好的售后服务等有利条件来实施差异化营销战略，以提高农户购买其他品牌产品或惠顾其他零售店的转换成本，从而增强农户对当前品牌或零售店的交易依赖；另一方面可选择当地人际关系较多或较好的零售商作为合作伙伴，主动维护和发展与顾客良好的情感关系以提高农户对零售商的信任感，加强与顾客的关系质量管理，同时可将更多的潜在顾客发展为忠诚型顾客，发挥周围顾客群体对其他农户群体的购买引导作用。此外，农资企业可依据农户不同锁定购买行为的形成原因采取不同的措施，对于更注重产品质量、品牌锁定购买的顾客可加强品牌信誉的营销推广，以增强农户购买农资产品的意愿；而对于更注重店铺形象、零售店锁定购买的顾客可构建良好的人际关系网络，从而获取农户长期惠顾零售店的情感信任。

第二，政府部门应针对各地区农资交易市场的现状采取相应的措施来优化农资市场环境、改善农户选购农资产品的客观条件。由于农村社会人际关系网络的相对封闭性和购销关系的相对稳定性，农户锁定购买农资产品是一种客观存在的现象，但这种选择受限的状态不利于农户自主购买想要的农资产品，也不利于更多更好的农资品牌产品在农业生产中发挥更大的作用，进而不利于农资产业及农业生产行业的整体发展，因此相关政府部门应加强对农资整体行业及市场的宏观调控，提高我国农资产业信息服务质量，促进农资营销网络体系的改进与完善，从而为农户自主选择农资产品提供更加有利的条件。同时由于我国农业经济、乡村关系网络发展不平衡，各地区农户农资锁定购买行为在形成路径、作用程度及表现形式等方面存在较大的差异。为此，政府部门可因地制宜地对不同区域农资市场采取不同的管理方式，继续推动东部地区现有农资产品供需渠道网络的建设，充分发挥东部市场在中部和西部市场产品供需中的带动和扶持作用；提高中部农资市场的开放性，引导更多潜力较大的农资龙头企业的发展，提高零售企业信息咨询、技术指导等售后服务水平；加快西部地区乡村公共道路等基础设施建设，扩大农资市场的产品供给源，使农户能够自主选择更多的产品和更好的服务。

## 第六节　本章小结

农户农资锁定购买行为的产生与其所处的乡村社会关系结构和农资购销市场环境密切相关，它是农户主动忠诚和被动依赖同时作用的结果，但农村特定情境所导致的农户被动依赖的影响效应明显大于品牌、零售店本身所带来的直接影响。可见，农村情境因素对农户农资锁定购买行为的形成有着至关重要的影响。然而，现有顾客购买行为理论更多从引发顾客主动购买的内在诱因视角出发，探究直接因素对顾客购买意愿和行为的重大影响。少量有关锁定购买行为的研究还停留在对农户锁定购买行为影响因素的理论探讨层面，并没有深入探究农户锁定购买行为的形成机制。那么，在乡村社会环境下，影响农户农资锁定购买行为形成的情境因素有哪些？其作用机理是什么？不同农户农资锁定购买行为模式及同一农户农资锁定购买行为模式在不同区域中的形成机理是否存在显著差异？

探讨和分析农户农资锁定购买行为形成机理，将对农资企业制定合理的品牌营销和顾客关系管理战略及政府宏观调控农资市场具有一定的借鉴意义。为此，本章结合农资购销市场和乡村社会关系的特定情境，重点从情境因素构建了农户农资锁定购买行为的形成机理模型，并运用山东省、湖北省和四川省三省农户调研数据进行实证检验，比较了不同锁定购买行为模式之间和同一锁定购买行为模式在不同区域之间的差异。

　　实证研究表明：品牌感知价值、零售店感知形象对农户农资锁定购买行为具有直接影响，并通过感知差异化和交易依赖关系产生间接影响；人情关系质量能显著正向影响零售店锁定购买行为；社会规范能正向调节品牌感知价值与品牌锁定购买行为、零售店感知形象与零售店锁定购买行为之间的关系。此外，不同区域农户农资锁定购买行为模式与形成路径有差异。山东省农户主要采取低品牌锁定、低零售店锁定的购买行为模式，直接因素的影响效应较大；湖北省农户主要采取低品牌锁定、高零售店锁定的购买行为模式，直接因素和情境因素的影响效应均较大；四川省农户主要采取高品牌锁定、高零售店锁定的购买行为模式，情境因素的影响效应较大。

# 农户农资锁定意识对在线购买模式的效应机制

　　农户农资锁定购买行为产生于相对封闭的社交网络和相对稳定的购销关系这一特殊情境之中。在上一章节中，我们扎根于乡村社会和农资市场的特殊环境，重点以购买情境为切入点深入探讨了各因素之间的交互作用及其对农户农资锁定购买行为的影响，并比较了不同锁定购买行为模式之间和同一锁定购买行为模式在不同区域之间的差异性，从而构建和检验了农户农资锁定购买行为的形成机理模型。然而，伴随我国"互联网＋现代农业"政策的出台，农村电商的兴起使得农户所处的社会市场环境渐渐宽松，从而使得农资市场处于由传统线下交易逐渐向网络线上交易转变的过渡期。在此过渡期，乡村传统地缘和血缘关系仍将继续影响农户农业生产和生活活动，锁定效应的存在必将对农户农资在线购买模式的选择和意愿产生重大的影响。目前相关理论研究还没有深入探究乡村社会情境下农户农资锁定意识对其在线购买模式的效应机制。那么，这种锁定意识是如何影响农户农资在线购买模式的？其作用机理是什么呢？

　　探索上述问题的答案将对重构乡村社会特定环境下农户农资在线购买模式的解释机制具有重要的理论价值。为此，本章将主要围绕"农户农资锁定意识对在线购买模式的影响机理"等研究主题，从双系统信息处理模式视角检验分析农户农资锁定意识与在线购买模式的因果联系，并揭示情境脆弱性在农户农资在线购买模式形成中的边界作用，从而实证构建农户农资锁定意识对在线购买模式的作用机理模型。

# 第一节　农户农资锁定购买行为效应机制的问题导出

　　农村电商是农业信息化与现代化高度融合发展的必然趋势，这股热潮也使传统农资市场格局产生了重大变革，促使农资渠道体系逐渐由冗长繁杂向扁平透明转变。伴随我国"互联网 + 现代农业"政策的不断调整，一方面，农资企业积极推进农集网、田田圈、农商一号等电商平台建设来加快产品流通的一体化，使得处于渠道终端的农户能以最优价格购买所需的农资产品（孙娟、李艳军，2016）；另一方面，由于产品认知水平和网络购买经验的有限性，部分农户还未来得及完全适应这种新型的在线购买方式（孙娟、李艳军，2019）。这"一热一冷"的市场局面使得培养农户在线信任、引导农户网购消费成为政府和企业开展农村电商战略所要思考的重要议题。

　　电商营销模式的蓬勃兴起使得农资市场由传统线下交易逐渐向网络线上交易转变。由于购买主体的特殊性，农资电商企业为农户购买农资产品提供了两种模式：通过网络平台自己直接下单购买，即自主购买模式；通过附近线下服务站点来帮助自己进行线上购买，即代理购买模式。然而，在我国传统农资市场中锁定效应已是购销交易所广泛存在的社会现象，也将持续影响过渡时期农户农业生产和社会生活等活动，那么农户原有的锁定意识可能对其在线购买模式产生重要的影响。由于农资产品的生产资料特性、农户购买的非专家性，农资品牌的引导作用使得部分农户更多表现为品牌锁定购买行为，从而导致农户注重品牌信息已成为一种长期习惯（孙娟、李艳军，2014）。又由于长期购销关系的相对稳定性，农资零售商的信任保障使得部分农户更倾向于采取零售店锁定购买行为，从而造成农户依赖零售店成为一种普遍情境（张蒙萌、李艳军，2014）。这种原有习惯意识致使农户过于依赖品牌体验等偏理性信息或店铺服务等偏感性信息，可能对其在线购买农资产品的模式选择产生不同的影响，甚至直接影响我国农资电商发展战略的实施效果。要想有效推进农资电商渠道体系建设，还需深入探究农户农资锁定意识对其在线购买模式的影响机制，并有针对性地提出强化农户"触网"认知的有效对策。那么，这种锁定意识是如何影响农户农资在线购买模式的？其作用机理是什么？不同锁定意识对农户农资在线购买模式的影响有何不同？在什么情境下这种锁定意识更容易引发农户农资在线购买行为？

现有网络营销、网购行为理论主要集中于产品质量、服务形象、在线评论、互动体验等方面，多从供给方和第三方视角实证检验影响消费者网购模式的直接因素（李琪、阮燕雅，2015；赵宏霞等，2015；王乐等，2016；牛更枫等，2016），却较少关注顾客所处的市场结构、社区文化等外部环境所引致的内部心理动机和意识的重要影响，将消费者主体所固有的意识特征作为主要因素来探究其对网购模式的影响的研究还较少，深入分析乡村社会下农户农资锁定意识对在线购买模式的作用机制更为少见。由于农资产品、农村社会的特殊性，农户农资网购与大众消费市场中城市居民网购在行为主体、购买情境等方面还存有明显差异，电商变革情势下的农户网购行为与传统营销环境下的农户购买行为在交易模式、渠道策略等方面也不同，因此运用已有网购行为和农户行为理论均不能很好地解释农户农资网购行为选择的特定现象。

为此，本研究以农资传统市场和电商交易相互渗透为研究背景，依据顾客锁定、购买模式等相关理论，从双系统信息处理模式视角来构建农户农资锁定意识对在线购买模式的影响机制，实证分析不同锁定意识下农户农资在线购买模式形成机理的差异性，并揭示农户农资在线购买模式选择的边界条件。研究结论对深入建构乡村社会特定环境下农户农资锁定意识对在线购买模式的解释机制具有探索性的理论价值，对促进农资企业创新发展、农村流通体制变革具有建设性的现实意义。

## 第二节　农户农资锁定意识对在线购买模式影响的理论假设

### 一　锁定意识对信息处理模式的影响

在网络结构相对封闭、买卖关系相对稳定的乡村社会情境下，农户因对某农资品牌或零售店的被动或主观依赖而长期频繁购买特定品牌产品或惠顾特定零售店的意识和行为，被界定为锁定购买行为模式（孙娟、李艳军，2014）。在此行为模式之下，依据锁定对象，农户锁定意识可分为品牌锁定意识和零售店锁定意识。其中，品牌锁定意识是指农户看重产品质量、信誉风险等品牌要素的偏理性认知；零售店锁定意识是指农户看重自身与零售商的人情关系、零售商的推荐意见等店铺要素的偏感性认知。

农资品牌承载着顾客对产品品质、形象等方面的认可度，具有品牌锁定意识的农户在购买农资产品时更注重品牌资产所传达的产品质量等功能性价值。由于长期购买和使用某些农资产品，重视品牌的农户会对市场流通的主要品牌形成特定的认识，并较为了解这些农资品牌产品的使用效果（浦徐进等，2011）。当再次购买农资产品时，该农户就倾向于、也更容易从其长期积累的丰富经验中搜寻更多所需的产品知识信息。而具有零售店锁定意识的农户在购买农资产品的过程中主要考虑的是与零售商的人际关系（孙娟、李艳军，2014）。高质量、高稳定的人情关系能使农户取得较高的产品质量保障，使得具有零售店锁定意识的农户会更依赖与自身情感关系较好且知识经验丰富的农资零售商。当面临众多产品选择时，该农户因产品认知水平有限而表现得无所适从，更容易受到拥有较多专业知识的零售商的推荐或指导的影响。因此相比具有零售店锁定意识的农户，具有品牌锁定意识的农户是高认知需求者。

认知需求反映了个体愿意深入思考并享受付出更多努力来进行信息加工的行为倾向（Cacioppo and Petty，1982）。依据认知需求理论，高认知需求者在处理复杂任务时会主动收集更多认知资源来精细处理信息，形成对信息内容的逻辑思考和判断，从而更愿意采用分析式处理模式（Haugtvedt and Petty，1992）；低认知需求者在理解事物间的关联性时认为整个社会情境是有序的，喜欢将重要信息泛化于所有相关期望之上，并依据外围其他线索来进行社会比较、产生评价态度，从而更依赖他人的启发式处理模式（Cacioppo et al.，1984；徐洁、周宁，2010）。因此作为高认知需求者，具有品牌锁定意识的农户更容易激发分析式处理模式，而不会像启发式处理模式那样避免付出更多的努力；而具有零售店锁定意识的农户因认知需求较低而更容易启动启发式处理模式，不会如分析式处理模式一般愿意处理更多的认知信息。因此，本章提出如下假设。

H1：锁定意识对信息处理模式有显著的影响。

H1a：品牌锁定意识对分析式处理模式有显著的正向影响。

H1b：品牌锁定意识对启发式处理模式有显著的负向影响。

H1c：零售店锁定意识对分析式处理模式有显著的负向影响。

H1d：零售店锁定意识对启发式处理模式有显著的正向影响。

## 二 信息处理模式对在线购买模式的影响

个体或组织通过对所搜集的信息进行接受、存储、转化、传送等程序达到去伪存真、去粗取精的目的，这一加工过程就是信息处理（黄静等，2014）。依据认知动机和认知资源，信息处理模式可分为分析式处理模式和启发式处理模式（Kahneman and Frederick，2002；孙彦等，2007）。其中，分析式处理模式是指个体或组织愿意耗费更多的认知资源和心理资源，通过主动搜索更多的额外线索来进行复杂系统的信息加工；启发式处理模式是指个体或组织为避免处理复杂的信息而将一些立即可得的外围信息作为认知和判断的重要依据，并以此来对刺激物做出快速处理。此外，本章结合农资购销实际和研究问题需要将农户农资在线购买模式分为自主购买模式和代理购买模式。

依据信息加工理论，当分析式处理模式被激活时，农户会自发寻找更多的品牌信息、认真详尽地处理更多的市场信号，以确认自己最喜欢、最偏好的品牌选择（吴梦、白新文，2012）。而通过网络平台直接下单的自主购买模式能为高认知需求的农户提供获得农资品牌最优选择的更多机会。他们也更愿意投入较高的时间和精力成本，利用网络选择自己最满意的农资品牌，从而增强了自主购买农资产品的意愿。由于通过服务站来选购农资产品较难满足高认知需求农户的产品需求，也就抑制了代理购买行为的发生。而处于启发式处理模式激活状态的农户在面临较多选择时，因认知困难会求助于附近的农资零售商。他们在零售商所提供的选择中寻找到"满意的"品牌时就停止了信息处理，不会逐条思量更多的品牌信息（Mills et al.，1977），从而导致代理购买意愿的增强。由于服务站零售商所推荐的农资产品即可满足这部分农户的购买需求，他们也就不愿意付出更多心力在网络上搜索更合适的农资产品，也就降低了自主购买的积极性。因此，本章提出如下假设。

H2：信息处理模式对在线购买模式有显著的影响。

H2a：分析式处理模式对自主购买模式有显著的正向影响。

H2b：分析式处理模式对代理购买模式有显著的负向影响。

H2c：启发式处理模式对自主购买模式有显著的负向影响。

H2d：启发式处理模式对代理购买模式有显著的正向影响。

三 情境脆弱性在信息处理模式影响在线购买模式中的调节作用

任何消费者在生命某一时点里都可能是脆弱的，这可能是主体对事物敏感、意志不坚定等个人特质所致，也可能是主体暂时处于不能控制自己、难以应对困境等阈限状态而致。因此从时间角度来看，消费者脆弱性可以是持续永久性的，也可以是暂时情境性的（Mansfield and Pinto，2008）。而情境脆弱性是指消费者因面对环境无能为力、失去控制等而不能实现自己目标的短暂性心理状态（Baker et al.，2005）。依据此概念定义，本研究中的情境脆弱性主要表现为电商情境下农户对网购农资可能出现各种问题的某种担忧，以及出现问题之后无能为力的脆弱状态。

农资网购是变革农户购买习惯的新型方式，由于网络操作水平、线上购买经验的有限性，农户可能对产品保障性、网络安全性等问题仍存在些许疑虑和担心。当农户情境脆弱性较高即难以承受网购农资所面临的各种风险时，虽然分析式处理模式被激活的农户更愿意在网站上寻找更多的农资品牌信息以扩大所需产品的选择集，但因害怕承担并趋于规避不必要的可能存在的网购风险，所以相比情境脆弱性较低的农户，情境脆弱性较高的农户自主购买农资的行为意愿更弱（Baker et al.，2007），甚至可能转向通过服务站来代理购买农资产品。因此，情境脆弱性在调节分析式处理模式与农户农资在线购买模式的关系时是削弱效应。相反，当农户情境脆弱性较高时，处于启发式信息处理模式的农户更趋向于尽量较少使用认知资源、更愿意通过服务站来选购农资产品，这种对农资网购的忧虑心理更容易激发他们代理购买农资产品的强烈欲望以保障农资产品的安全性和使用价值（Canhoto and Dibb，2016），从而也就更不愿意自主购买农资。因此，情境脆弱性在调节启发式处理模式与农户农资在线购买模式的关系时是强化效应。因此，本章提出如下假设。

H3：情境脆弱性在信息处理模式影响在线购买模式中具有显著的调节作用。

H3a：情境脆弱性在分析式处理模式影响自主购买模式中具有显著的负向调节作用。

H3b：情境脆弱性在分析式处理模式影响代理购买模式中具有显著的负向调节作用。

H3c：情境脆弱性在启发式处理模式影响自主购买模式中具有显著的正向调节作用。

H3d：情境脆弱性在启发式处理模式影响代理购买模式中具有显著的正向调节作用。

基于以上文献回顾和相关研究假设，本研究的概念模型图如图 6-1 所示。

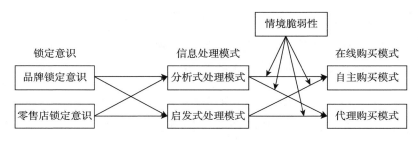

**图 6-1　农户农资锁定意识对在线购买模式的影响机制模型**

# 第三节　本章研究设计与方法

## 一　变量界定与测量

本研究相关变量的测量均参考和借鉴了国内外主流期刊文献中普遍接受和使用的成熟量表语句。首先，各量表在尽可能保留初始语项的同时，将测量基本语义与农村实际情境高度结合，适当地修正了不太契合农民生活实况的部分语句，从而保证了构念量表的可适用性；其次，在所修订的初始量表的基础上，又多次征得相关研究领域专家和学者的语项意见，再次改进和完善了各量表的测量结构和内容；最后，在开展正式大规模调查之前，研究人员多次在周边乡村地区组织了预调查，经过对有效回收问卷的因子分析又删除和调整了部分语义不清的语项，再次提高构念语项的测量效度。如此反复调查和甄别，最终确定了本研究的正式调查问卷。

（1）锁定意识。自变量锁定意识量表具体分为品牌锁定意识和零售店锁定意识两个分量表，依据前文相关概念的定义，锁定意识和锁定行为均是锁定购买模式的两种不同形态表现，因此本章锁定意识量表的测量均在主要参考孙娟和李艳军（2014）有关锁定购买行为题项设计的基础上进行再修订而成。其中品牌锁定意识量表包括"在近期，我没有随便更换这些（种）农资品牌的打算""当再次购买农资产品时，我已经习惯有选择这些（种）农资品牌的倾向"等四条语项；零售店锁定意识量表包括"在近期，我没有随便更换这些（家）农资零售店的打算""当再次购买农资产品时，我已经有光顾这些（家）农资零售店的倾向"等四条语项。

（2）信息处理模式。中介变量信息处理模式量表由分析式处理模式和启发式处理模式两个分量表组成，两个分量表的测量均采用或借鉴了 Kim 等（2012）、McQuarrie 和 Mick（1999）的测量语句。其中分析式处理模式量表包括"我会尽可能地多收集和了解这些农资品牌（零售店）的相关信息""我会花费较多时间来认真考虑这些农资品牌（零售店）信息"等三条语项；启发式处理模式量表包括"我会在已经知道的这些农资品牌（零售店）中购买农资产品""我不太愿意花费较多时间来处理这些农资品牌（零售店）的复杂信息"等三条语项。

（3）在线购买模式。因变量在线购买模式量表可分为自主购买模式量表和代理购买模式量表。其中自主购买模式量表主要借鉴了吴锦峰等（2014）的测量方法，包括"我愿意自己在网站上购买这些（种）农资品牌产品""如有购买需求，我会想到可以自己在网站上购买这些（种）农资品牌产品"等三条语项；代理购买模式量表主要借鉴了 Pavlou（2003）的测量方法，包括"我愿意通过服务站购买这些（种）农资品牌产品""如有购买需求，我会想到去服务站购买这些（种）农资品牌产品"等三条语项。

（4）情境脆弱性。调节变量情境脆弱性量表采用了 Laufer 和 Gillespie（2004）的测量工具，包括"我觉得网购农资的风险很大""我觉得网购农资所出现的问题可能发生在自己身上"等三条语项。

## 二 数据收集与基本统计

本研究采用结构化问卷来调查和收集所需的数据样本，主要选择河南省商丘市柘城县、湖北省天门市为调查地点。选取以上地区农户为调研对象有以下原因：①河南省和湖北省均为我国现代农业经济生产大省和农贸交易重点地带，传统地缘和血缘关系思想持续存在，其半封闭性的乡村社会结构导致的购买锁定效应较为明显；②河南省柘城县、湖北省天门市均是我国目前最大的网上农资商城和综合服务平台——云农场近年来重点实施农资电商战略的新兴网销服务站点，其农资市场处于由传统线下交易逐渐向网络线上交易转变的过渡时期，为农户购买农资产品提供了多种途径；③两地农户较为集中，方便研究人员进行问卷调查，且两地农业发展水平、电商推广力度不同，提高了研究样本的多样性和代表性。本研究采用面对面访谈形式共发放问卷 400 份，其中回收有效问卷 363 份，有效率为 90.75%，达到了问卷数量和质量的基本要求。显著性差异检验表明该样本不存在显著的项目无应答偏差。被调查者的基本统计资料如表 6-1 所示。

表 6-1　第六章研究有效样本基本统计资料结果

| 统计特征 | 分类 | 频数 | 百分比（%） | 统计特征 | 分类 | 频数 | 百分比（%） |
|---|---|---|---|---|---|---|---|
| 性别 | 男性 | 206 | 56.7 | 文化程度 | 小学以下 | 106 | 29.2 |
| | 女性 | 157 | 43.3 | | 小学 | 131 | 36.1 |
| 年龄 | 20~39 岁 | 43 | 11.8 | | 初中 | 112 | 30.9 |
| | 40~59 岁 | 206 | 56.7 | | 高中及以上 | 14 | 3.9 |
| | 60 岁及以上 | 114 | 31.4 | 家庭农业年均收入 | 0~2 万元 | 128 | 35.3 |
| 耕地面积 | 0~2 亩 | 119 | 32.8 | | 3 万~4 万元 | 146 | 40.2 |
| | 3~4 亩 | 152 | 41.9 | | 5 万元及以上 | 89 | 24.5 |
| | 5 亩及以上 | 92 | 25.3 | | | | |

## 三　数据信度与效度检验

本章综合运用 SPSS 18.0 和 AMOS 17.0 统计软件对问卷数据进行信度和效度分析，包括内部一致性、内容效度、收敛效度和判别效度等检验。

（1）信度分析。内部一致性能测验量表各题项之间是否度量了相同的内容或特质，反映了用来测量同一概念的多个计量指标间的一致性程度，可采用 Cronbach's α 系数和组合信度 $\rho_c$ 系数对量表内部一致性进行信度分析。分析结果表明，各变量 Cronbach's α 系数值为 0.744 ~ 0.775（均大于 0.7），且组合信度 $\rho_c$ 系数值为 0.779 ~ 0.832（均大于 0.7），说明本章研究变量具有较高的内部一致性，能稳定可靠地测量各概念的本质特征，满足了研究分析的要求。各变量信度分析结果见表 6 – 2。

表 6 – 2　锁定意识、信息处理模式与在线购买模式等变量
组合信度、结构效度的参数估计值

| 研究变量 | | Cronba-ch's α | $\rho_c$ | AVE | $\chi^2/df$ | GFI | AGFI | RMR | CFI | NFI |
|---|---|---|---|---|---|---|---|---|---|---|
| 锁定意识 | 品牌锁定意识 | 0.772 | 0.804 | 0.506 | 1.509 | 0.998 | 0.979 | 0.003 | 1.000 | 0.999 |
| | 零售店锁定意识 | 0.758 | 0.832 | 0.554 | 2.211 | 0.989 | 0.889 | 0.005 | 0.996 | 0.996 |
| 信息处理模式 | 分析式处理模式 | 0.763 | 0.779 | 0.541 | — | — | — | — | — | — |
| | 启发式处理模式 | 0.756 | 0.803 | 0.577 | — | — | — | — | — | — |
| 在线购买模式 | 自主购买模式 | 0.775 | 0.788 | 0.555 | — | — | — | — | — | — |
| | 代理购买模式 | 0.757 | 0.804 | 0.578 | — | — | — | — | — | — |
| 情境脆弱性 | | 0.744 | 0.794 | 0.562 | — | — | — | — | — | — |

注：表格中"—"表示各拟合优度指数优良，模型达到完美拟合状态。

（2）效度分析。效度检验能测验测量工具或方法对所需考察事物及其特质的测量准确性和有用性程度，若测量结果与所要考察目标的内容越吻合，则测量工具的效度就越高。通常效度检验可分为

内容效度、收敛效度和判别效度三类。首先，内容效度是指量表测量题项对所欲测量内容或行为取样的适用性。由于本研究相关变量及其测量项目均来源于明确的文献资料，且作者依据农村社会实际和学者专业意见对问卷内容进行了适当修正，因而研究量表具有较高的内容效度。其次，收敛效度是指不同测量工具衡量事物同一特征时测量结果的相似程度。经验证性因子分析，本研究各概念测量模型的拟合指标（$\chi^2/df$、GFI、AGFI、RMR、CFI、NFI）及模型整体适配度均已达到研究可接受的标准，且各变量平均变异量抽取值 AVE 均大于 0.5，说明各测量量表均具有良好的收敛效度。最后，判别效度是指不同测量方法测验不同构念时测量数值之间的区分程度。本研究各变量 AVE 的平方根均大于该变量与其他变量之间的相关系数，说明不同潜在变量之间存在显著性差异，因此研究变量均具有较好的判别效度。各变量效度分析结果见表 6 – 3。

表 6 – 3　锁定意识、信息处理模式与在线购买模式等变量的
相关系数和 AVE 平方根

| 变量 | 品牌锁定意识 | 零售店锁定意识 | 分析式处理模式 | 启发式处理模式 | 自主购买模式 | 代理购买模式 | 情境脆弱性 |
|---|---|---|---|---|---|---|---|
| 品牌锁定意识 | 0.711 | — | — | — | — | — | — |
| 零售店锁定意识 | 0.156 | 0.744 | — | — | — | — | — |
| 分析式处理模式 | 0.391* | -0.301* | 0.736 | — | — | — | — |
| 启发式处理模式 | -0.302* | 0.395* | 0.134 | 0.760 | — | — | — |
| 自主购买模式 | 0.383* | -0.337* | 0.412* | -0.375* | 0.745 | — | — |

| 变量 | 品牌锁定意识 | 零售店锁定意识 | 分析式处理模式 | 启发式处理模式 | 自主购买模式 | 代理购买模式 | 情境脆弱性 |
|---|---|---|---|---|---|---|---|
| 代理购买模式 | - 0. 347* | 0. 428* | - 0. 258* | 0. 536* | 0. 136 | 0. 760 | — |
| 情境脆弱性 | 0. 116 | 0. 126 | 0. 119 | 0. 131 | - 0. 183 | 0. 202* | 0. 750 |

注：*$p < 0.05$；对角线上的数值为各变量 AVE 的平方根，非对角线上的数值为各变量之间的相关系数。

# 第四节　农户农资锁定意识对在线购买模式的影响分析

## 一　农户农资锁定意识对在线购买模式影响的主效应检验

为验证农户农资锁定意识对在线购买模式的影响机制模型的合理性，本章运用结构方程模型对各研究假设主效应进行实证检验，采用极大似然法来估计模型整体拟合度和各路径系数值，以探究农户锁定意识、信息处理模式与在线购买模式之间的因果关系。分析结果显示，结构方程模型的各项主要拟合指标：$\chi^2/df = 2.326$，GFI = 0.953，AGFI = 0.934，RMR = 0.027，CFI = 0.977，NFI = 0.956。这些指标均已达到研究可接受的水平，说明本研究整体模型拟合度较好。主效应检验结果及路径系数值如表 6 - 4 所示。

从表 6 - 4 可以得出，品牌锁定意识能显著正向影响分析式处理模式（$\beta = 0.396$，T = 4.246，P < 0.05）、负向影响启发式处理模式（$\beta = - 0.312$，T = - 2.767，P < 0.05），而零售店锁定意识能显著正向影响启发式处理模式（$\beta = 0.402$，T = 4.328，P < 0.05）、负向影响分析式处理模式（$\beta = - 0.344$，T = - 2.909，P < 0.05），

因此假设 H1a、H1b、H1c 和 H1d 得到了支持，从而假设 H1 通过验证，认为锁定意识对信息处理模式有显著的影响作用；分析式处理模式能显著正向影响自主购买模式（$\beta = 0.455$，$T = 6.475$，$P < 0.05$）、负向影响代理购买模式（$\beta = -0.227$，$T = -2.475$，$P < 0.05$），而启发式处理模式能显著正向影响代理购买模式（$\beta = 0.524$，$T = 7.589$，$P < 0.05$）、负向影响自主购买模式（$\beta = -0.385$，$T = -3.931$，$P < 0.05$），因此假设 H2a、H2b、H2c 和 H2d 得到了支持，从而假设 H2 通过验证，认为信息处理模式对在线购买模式有显著的影响作用。从锁定意识对信息处理模式（H1）、信息处理模式对在线购买模式（H2）的整体影响路径来看，品牌锁定意识所引发的分析式处理模式能对自主购买模式产生显著的正向影响，而零售店锁定意识所引发的启发式处理模式能对代理购买模式产生显著的正向影响。因此，不同农户农资锁定意识对在线购买模式的影响机制存在明显的差异性。

表 6 - 4　锁定意识对在线购买模式影响模型的主效应
检验及路径系数结果

| 假设路径 | | 标准化系数 | T 值 | 检验结果 |
|---|---|---|---|---|
| H1：锁定意识→信息处理模式 | H1a：品牌锁定意识→分析式处理模式 | 0.396 | 4.246[*] | 支持 |
| | H1b：品牌锁定意识→启发式处理模式 | -0.312 | -2.767[*] | 支持 |
| | H1c：零售店锁定意识→分析式处理模式 | -0.344 | -2.909[*] | 支持 |
| | H1d：零售店锁定意识→启发式处理模式 | 0.402 | 4.328[*] | 支持 |

续表

| 假设路径 | | 标准化系数 | T 值 | 检验结果 |
|---|---|---|---|---|
| H2：信息处理模式→在线购买模式 | H2a：分析式处理模式→自主购买模式 | 0.455 | 6.475* | 支持 |
| | H2b：分析式处理模式→代理购买模式 | -0.227 | -2.475* | 支持 |
| | H2c：启发式处理模式→自主购买模式 | -0.385 | -3.931* | 支持 |
| | H2d：启发式处理模式→代理购买模式 | 0.524 | 7.589* | 支持 |

注：$*p < 0.05$。

## 二 情境脆弱性在在线购买模式形成机理中的调节效应检验

当一个因素和另一个因素之间的关系受到第三个因素的影响时，第三个因素对前二者间关系的作用就是调节效应，通常的检验方法为 Aiken 等（1991）的三步骤分析法。依据此检验方法，本研究通过回归分析实证检验了情境脆弱性在信息处理模式影响在线购买模式中的调节作用。回归分析结果如表 6-5 所示。

由表 6-5 可以得出，当自主购买模式为因变量时，分析式处理模式与情境脆弱性的交互作用项能显著负向影响自主购买模式（M3，$\beta = -0.142$，$P < 0.05$），从而假设 H3a 通过验证，认为情境脆弱性能负向调节分析式处理模式与自主购买模式之间的关系，即情境脆弱性较高时，分析式处理模式对自主购买模式的影响较弱，反之则较强。而启发式处理模式与情境脆弱性的交互作用项能显著正向影响自主购买模式（M5，$\beta = 0.134$，$P < 0.05$），从而

表6-5 情境脆弱性在在线购买模式形成机理中的调节效应检验结果

| 变量 | 自主购买模式 | | | | | | 代理购买模式 | | | |
| --- | --- | --- | --- | --- | --- | --- | --- | --- | --- | --- |
| | M1 | M2 | M3 | M4 | M5 | M6 | M7 | M8 | M9 | M10 |
| 性别 | -0.123* | -0.053 | -0.054 | -0.053 | -0.046 | 0.093 | 0.034 | 0.031 | 0.037 | 0.032 |
| 年龄 | -0.146* | -0.082 | -0.093 | -0.079 | -0.077 | 0.134* | 0.079 | 0.077 | 0.079 | 0.077 |
| 文化程度 | 0.125* | 0.051 | 0.054 | 0.048 | 0.047 | -0.118* | 0.048 | 0.049 | 0.050 | 0.049 |
| 家庭农业年均收入 | -0.138* | -0.077 | -0.075 | -0.077 | -0.074 | 0.125* | 0.071 | 0.072 | 0.074 | 0.074 |
| 分析式处理模式 | | 0.437* | 0.432* | | | | -0.239* | -0.233* | | |
| 启发式处理模式 | | | | -0.372* | -0.368* | | | | 0.541* | 0.571* |
| 情境脆弱性 | | -0.194* | -0.228* | -0.186* | -0.179* | | 0.199* | 0.202* | 0.198* | 0.189* |
| 分析式处理模式×情境脆弱性 | | | -0.142* | | | | | -0.128* | | |
| 启发式处理模式×情境脆弱性 | | | | | 0.134* | | | | | 0.175* |
| $R^2$ | 0.038 | 0.578 | 0.593 | 0.454 | 0.463 | 0.023 | 0.358 | 0.376 | 0.621 | 0.625 |
| F | 4.357* | 38.136* | 28.875* | 21.516* | 17.611* | 3.882* | 13.890* | 14.001* | 42.434* | 41.272* |

注:* $p < 0.05$。

假设 H3c 通过验证，认为情境脆弱性能正向调节启发式处理模式
与自主购买模式之间的关系，即情境脆弱性较高时，启发式处理
模式对自主购买模式的影响也较强，反之则较弱。当代理购买模
式为因变量时，分析式处理模式与情境脆弱性的交互作用项能显
著负向影响代理购买模式（M8，$\beta = -0.128$，P < 0.05），从而假
设 H3b 通过验证，认为情境脆弱性能负向调节分析式处理模式与
代理购买模式之间的关系。而启发式处理模式与情境脆弱性的交
互作用项能显著正向影响代理购买模式（M10，$\beta = 0.175$，P <
0.05），从而假设 H3d 通过验证，认为情境脆弱性能正向调节启发
式处理模式与代理购买模式之间的关系，即情境脆弱性较高时，
启发式处理模式对代理购买模式的影响较强，反之则较弱。因此，
假设 H3 通过验证，认为情境脆弱性能显著调节信息处理模式与在
线购买模式之间的关系。

# 第五节　本章主要结论与启示

## 一　农户农资锁定意识对在线购买模式影响的主要结论

本章以顾客锁定、购买意愿等营销理论为研究基础，在深入
剖析传统农资购销特点和乡村社会网络情境的理论分析之上，从
双系统信息处理模式的独特视角出发，通过实证对比不同锁定意
识下农户农资在线购买模式形成机理的差异性、检验分析情境脆
弱性在信息处理模式影响农户农资在线购买模式中的边界作用，
揭示了农户农资锁定意识对在线购买模式的影响机制，其主要结
论如下。

第一，锁定意识通过信息处理模式的中介作用对农户农资在线购买模式产生显著影响。说明锁定意识的存在对农户在线购买农资的意愿具有重要的影响，而信息处理模式在农户农资在线购买模式的形成中起到了关键性作用。长期以来，乡村传统"重地缘""重血缘"等关系思想持续存在并将继续影响农户的农业生产、社会生活等活动状态，使得农户在网购农资产品时其决策容易受到原有购买习惯或意识的影响。在此习惯或意识之下，看重品牌的部分农户面临网购时仍习惯较为固定地选择某个或某些农资产品，而看重店铺的部分农户则仍较为依赖某特定的农资零售店。这种对某品牌或零售店的锁定意识均源于农户对产品判断线索的过度依赖，从而影响了农户农资在线购买模式的选择及意愿。由于锁定意识反映了农户在购买农资产品时对信息资源的偏理性或感性的认知态度，这种意志或情感知觉导致农户会采取不同的加工方式来具体处理所搜集到的各种信息，不同信息处理模式的选择也就直接影响了农户对农资产品的购买决策。

第二，不同农户农资锁定意识对在线购买模式的影响机制存在明显差异，品牌锁定意识所引发的分析式处理模式对自主购买模式产生显著的正向影响，零售店锁定意识所引发的启发式处理模式对代理购买模式产生显著的正向影响。说明具有品牌锁定意识的农户会引发线上自主购买农资的动机和意愿，具有零售店锁定意识的农户则倾向于通过服务站来代理购买农资产品。农资品牌反映着产品质量、信誉等，具有品牌锁定意识的农户在购买和使用农资产品时更重视产品功能价值等经验的积累，这使得该农户再次需要农资产品时能自发启动自己的产品知识库，并主动在网络等其他平台上搜索更多的认知资源以寻找更满意、更偏爱的农资产品，从而提高和增强了自主购买农资的概率和意愿。农资零售店具有产品服务、购物保障等体验价值，尤其是零售店店主在地理上"镶嵌"于农户的生产生活区域之中，与零售商之间的人情关系能带来较高的产品质量保障、减少或避免不必要的购买风险，具有零售店锁定意识的农户更重视与店主间的人际关系，使得该农户更依赖于通过交好的零售商来补充相关产品的知识信息，也就减少了主动搜寻更多信息资源的动力，而追求在已有品牌集中选择满意的、合适的农资产品，因而代理购买农资的意愿更为强烈。

第三，情境脆弱性能显著调节信息处理模式与农户农资在线购买模式之间的关系，当调节分析式处理模式与农户农资在线购买模式间关系时呈现削弱效应，当调节启发式处理模式与农户农资在线购买模式间关系时呈现强化效应。说明情境脆弱性是信息处理模式影响农户农资在线购买模式的重要边界条件。电商交易的兴起是农资企业变革农户购买习惯的重要尝试，但部分农户仍可能难以控制和应对网购所潜在的各种风险。虽然具有品牌锁定意识的农户更喜欢详尽搜寻和精细加工更多的信息资源、更倾向于线上自主购买农资产品，但网购农资所面临的安全性、及时性等问题可能让部分农户望而却步，那么他们自主购买的欲望可能就不再如此强烈。相反，具有零售店锁定意识的农户为了避免处理复杂信息而更趋于通过服务站选购农资产品，同样出于对网购可能带来失控性局面的种种担心，他们代理购买农资的意愿会更加强烈。

## 二　农户农资锁定意识对在线购买模式影响的政策启示

本章实证构建了农户农资锁定意识对在线购买模式的影响机

制模型，研究结论对农资企业有效实施农村电商发展战略、政府机构加快推进农业供给侧结构性改革具有一定的管理启示和借鉴意义。

第一，农资企业要增加自身品牌资产、加强网店服务管理以提高农户网购农资的积极性。农户品牌锁定意识和零售店锁定意识均对其网购农资意愿产生显著影响，品牌锁定意识使得农户更关注质量、信誉等产品属性，零售店锁定意识使得农户更关注人情关系所带来的服务、保障等购物体验。为此，农资企业一方面可通过提高产品质量、加大产品宣传等方式来提升农资品牌的知名度和农户对农资品牌的认知度，进而强化农户农资品牌意识和品牌忠诚，最终激发农户网络搜寻和在线购买农资产品的强烈欲望；另一方面可通过完善网店信息共享、售后服务等方式来缓解农户网购农资的后顾之忧，从而降低农户对线下交易的依赖，优化和增强农户对于线上购买农资的购物体验和购买意愿。

第二，政府机构应建立健全适应农资电商发展的市场规范和服务体系来保障农户网购的相关权益。情境脆弱性是影响信息处理模式对农户农资在线购买模式作用机制的重要情境因素，当农户感知到网购风险的不可控性越来越大时，农户可能会减弱线上购买农资的行为意愿。农村电商的发展为农户购买农资带来了生产成本下降、购买途径多样化等新体验和新契机，但农资电商尚处于初步发展时期，网络覆盖、物流运输等农村基础设施以及网购权益、售后服务等顾客保障机制有待进一步完善，这些软硬件系统的不足或缺失使得农户可能面临更多网购风险。为此，政府机构一方面可采取健全《消费者权益保护法》等法律措施来规范农资网络购销市场、保障农户网购相关权益，以减少或消除农户对网购安全性等方面的顾虑；

另一方面可建立全国农资产品流通骨干网络，加快从城市到乡村的网络和物流体系建设，支持农资电商平台搭建和乡村服务站点建设，从而完善品牌推广、技术支持等功能服务，增强农户网购农资的信心。

## 第六节　本章小结

传统农资市场中锁定效应的存在使得农户被动选择农资产品或被动依赖农资零售店已成为一种长期购买习惯，这种锁定意识将对农户农资在线购买模式产生重大的影响，可能严重制约我国农资电商战略的实施和发展。然而，现有网络营销、网购行为理论多从供给方和第三方视角实证分析影响消费者网购模式的直接因素，较少关注顾客所处的市场结构、社区文化等外部环境所引致的内部心理动机和意识的重要影响，将消费者主体所固有的意识特征作为主要因素来探究其对网购模式影响的研究还较少。由于农户农资锁定意识根源于我国农村社会的特殊环境，运用已有网购行为理论还不能很好地解释农户农资网购行为选择的特定现象。那么，这种锁定意识是如何影响农户农资在线购买模式的？其作用机理是什么？不同锁定意识对农户农资在线购买模式的影响有何不同？在什么情境下这种锁定意识更容易引发农户农资在线购买模式？

研究结论对深入构建农户农资在线购买模式的解释机制具有重要的理论价值，同时对探寻促进农资企业创新发展、农村流通体制变革具有重要的现实意义。为此，本章以农资传统市场和电商交易相互渗透为研究背景，从双系统信息处理模式的理论视角构建了农户农资锁定意识对在线购买模式的影响机制模型，实证分析了不同锁定意识下农户农资在线购买模式形成路径的差异性，并揭示了情境脆弱性在农户农资在线购买模式形成中的边界作用。

实证研究表明：锁定意识通过信息处理模式的中介作用对农户农资在线购买模式产生显著影响；品牌锁定意识所引发的分析式处理模式对自主购买模式产生显著的正向影响，零售店锁定意识所引发的启发式处理模式对代理购买模式产生显著的正向影响；情境脆弱性在调节分析式处理模式与农户农资在线购买模式间关系时呈现削弱效应，在调节启发式处理模式与农户农资在线购买模式间关系时呈现强化效应。

# 第七章

# 本书总结与展望

由于农村社会网络的相对封闭性、农资购销关系的相对稳定性，锁定效应已成为农资交易市场中广泛存在的购销现象。研究探讨农户农资锁定购买行为这一有趣新现象，将对丰富现有顾客行为理论、指导农资企业制定有效的营销管理策略及政府有效管理农资市场具有重要的探索意义。本书围绕"农户农资锁定购买行为"研究主题，系统地探讨了四个方面的核心问题：农户农资锁定购买行为的主要模式、农户农资锁定购买行为的关键影响因素、农户农资锁定购买行为的形成机理、农户农资锁定意识对在线购买模式的效应机制。这四项研究分别从不同的研究视角验证和解答了这些重要问题，取得了颇有价值和意义的研究结论，补充丰富了现有顾客购买行为理论体系，对农资企业营销活动和政府机构管理方式均有一定的借鉴意义。

## 第一节 本书结论总结与讨论

本书试图摆脱大多数研究偏重顾客内部因素分析的窠臼，在顾客锁定、购买行为等相关理论的基础上，结合当前农资购销市场和乡村社会关系情境的特殊性，明确界定了锁定购买行为新概念，以农户特征为切入点初步探索了农户农资锁定购买行为的主要模式，从直接因素、购买情境等方面实证探究了农户农资锁定购买行为的影响因素，重点以情境因素为视角构建检验了农户农资锁定购买行为的形成机理模型，重构解释了农村电商发展新情势下农户农资锁定意识对在线购买模式的影响机制，主要研究结论总结如下。

第一，农资锁定购买行为的农户特征研究表明：户主人口统计特征、家庭经营特征、购买特征对农户农资锁定购买行为具有不同的影响，品牌锁定购买行为和零售店锁定购买行为在当前农资购销市场中同时存在。其中，倾向于品牌锁定购买的多为男性、年龄稍大、文化程度较高、家庭农业年均收入较高、耕作年限较长、拥有耕地面积较小、对农资购买的重视程度较高、购买种子品牌产品等农户群体；倾向于零售店锁定购买的多为女性、年龄稍小、文化程度较低、家庭农业年均收入较高、耕作年限较短、拥有耕地面积较大、对农资购买的重视程度较高、购买农药品牌产品等农户群体。

这是因为对于男性、年龄稍大、学历较高、耕作年限较长的人群，由于他们具有较丰富的农业生产经验以及农资产品购买和使用经验，对市场上主要的农资品牌有更高的熟悉度，而无须过多依赖零售商对产品品牌的介绍或推荐，从而多采取品牌锁定购买行为；而女性、年龄较小、学历较低、耕作年限较短的人群，由于缺乏足够的购买经验，她们往往更多地需要依靠对农资产品有较深了解的零售商的意见，并且零售商被她们熟知，能获得她们较高的信任，因而她们较多地采取零售店锁定购买行为。由于当前中国农村社会正处于由传统亲缘和地缘关系向现代商业经济关系转型的过渡期，这种传统地缘关系和现代经济关系的交织将"地域人情"与"商业利益"实现了有机融合，从而出现了长期频繁惠顾某特定零售店的人情型交易与购买某特定品牌产品的工具型交易并存的农资购销现象。

第二，农资锁定购买行为的影响因素研究表明：在农户两种锁定购买行为影响因素中，情境因素的综合效应均明显大于直接因素；在品牌锁定购买行为影响因素中，功能价值的影响力度最大，社会规范、交易依赖关系和感知差异化这些情境因素次之，感知风险和感知成本最弱；在零售店锁定购买行为影响因素中，人情关系质量的影响力度最大，交易依赖关系、社会规范和感知差异化这些情境因素次之，零售商形象、商品形象、声誉形象、服务形象这些直接因素最弱。

这是因为在传统"关系本位"思想观念的影响下，农户生产生活被限定在周边村落等狭小的空间内，这种有限的人际关系极大地缩小了农户农资产品的购买选择范围，且这种地缘关系思想根深蒂固，仍会长期影响农户的生产生活，因而相较于其他开放性的消费市场，农户购买农资的选择受限性更大，从而会出现农户农资锁定购买行为现象。作为农户重要的生产资料，农资产品的质量直接决定着农户农业生产水平和经济收入，因此品牌质量成为影响农户品牌锁定购买行为的主要因素，而高人际关系能使农户获得较高的产品质量保障或较多的价格优惠，因此与零售商的人际关系是农户锁定零售店最重要的关键因素。同时对品牌或零售店的依赖程度、周围购买群体基数、与其他品牌或零售店的差异性等因素都是影响农户农资购买决策的重要因素。

第三，农户农资锁定购买行为的形成机理研究表明：品牌感知价值、零售店感知形象对农户农资锁定购买行为具有直接影响，并通过感知差异化和交易依赖关系产生间接影响；人情关系质量能显著正向影响零售店锁定购买行为；社会规范能正向调节品牌感知价值与品牌锁定购买行为、零售店感知形象与零售店锁定购买行为之间的关系。此外，不同区域农户农资锁定购买行为模式与其形成路径存有差异。山东省农户主要采取低品牌锁定、低零售店锁定的购买行为模式，直接因素的影响效应较大；湖北省农户主要采取低品牌锁定、高零售店锁定的购买行为模式，直接因素和情境因素的影响效应均较大；四川省农户主要采取高品牌锁定、高零售店锁定的购买行为模式，情境因素的影响效应较大。

依据品牌依恋和场所依赖理论，一方面，农户对品牌或零售店的评价会直接影响他们对某农资产品或某农资零售店的固定选择行为；另一方面，农户对品牌或零售店的主观评价的高低会引起他们对该品牌或零售店与其他同类品牌或零售店之间差异化程度的落差反应，这种认知落差的大小又会显著影响农户与品牌或零售店之间的交易依赖关系，从而导致农户形成长期固定购买某农资产品或惠顾某农资零售店的行为，因此品牌感知价值或零售店感知形象对农户农资锁定购买行为具有直接影响和间接影响的双重作用。当周围较多农户购买同一农资产品或惠顾同一农资零售店时，出于群体压力或从众心理，较高的品牌或零售店感知评价会更易触发农户农资锁定购买某品牌产品或惠顾某零售店的行为，因此社会规范是影响农户农资锁定购买行为的重要情境因素。此外，依据社会嵌入理论和资源依赖理论，山东省、湖北省和四川省在自然条件、农业经济发展水平、农资市场发展状况等方面有差异，因而三省农户农资锁定购买行为的表现形式与形成路径不同。

第四，农户农资锁定意识对在线购买模式的影响机制研究表明：锁定意识通过信息处理模式的中介作用而对农户农资在线购买模式产生显著影响；品牌锁定意识所引发的分析式处理模式对自主购买模式产生显著的正向影响，零售店锁定意识所引发的启发式处理模式对代理购买模式产生显著的正向影响；情境脆弱性在调节分析式处理模式与农户农资在线购买模式间关系时呈现削弱效应，在调节启发式处理模式与农户农资在线购买模式间关系时呈现强化效应。

依据认知需求和信息加工理论，具有品牌锁定意识的农户在购买和使用农资产品时更重视产品功能价值等经验的积累，这使得他们主动在网络等平台上搜索更多的认知资源以寻找更满意、更偏爱的农资产品，从而提高和增强了自主购买农资的概率和意愿。而具有零售店锁定意识的农户更重视与店主间的人际关系，这使得他们更依赖交好的零售商来补充相关产品的知识信息，也就减少了主动搜寻更多信息资源的动力，而追求在已有品牌集中选择满意的、合适的农资产品，因而代理购买农资的意愿更为强烈。受限于较低的网络操作水平，部分农户可能难以控制和应对网购所潜在的各种风险，因此情境脆弱性是信息处理模式影响农户农资在线购买模式的重要边界条件。

## 第二节　本书政策启示

本书深入探究了农户农资锁定购买行为的影响因素、形成机理及效应机制，并对不同农户农资锁定购买行为之间的差异性展开了详细论述和探讨，研究结论为农资企业制定有效的营销管理和顾客维持战略及政府宏观调控和有效管理农资市场提供了可参考的建议。

第一，农资企业要依据顾客自身特征和购买行为特征采取差异化营销策略。由于个人特征和购买特征的差异性，农户对农资产品会采取不同的行为策略。农资企业应针对不同的顾客群体实施不同的营销战略。对于男性、年龄稍长、学历较高、耕作年限较长等经验丰富群体，农资企业可加强品牌信誉的营销推广、制定品牌锁定的顾客购买机制，以增强农户购买农资产品的意愿；对于女性、年龄较小、学历较低、耕作年限较短等经验缺乏群体，农资企业可树立良好的企业形象、构建良好的人际关系网络、建立零售店锁定的顾客关系管理网络，从而获取农户长期惠顾零售店的情感信任。

第二，农资企业实施"品牌建设"和"店铺管理"双向营销策略，以增进顾客长期购买农资产品或惠顾农资零售店的交易信心，最终达到长期维持与顾客良好关系的目的。品牌锁定和零售店锁定均是农户在选购农资产品时普遍存在的购销现象，说明品牌和零售店均是影响农户农资购买决策的重要因素。为此，农资企业要从多方面加强品牌资产管理、提升零售店整体形象。一方面，农资企业可通过提高产品质量、售后服务水平等方式提升产品使用价值和品牌信誉，进而增强农户购买农资产品的意愿；另一方面，可通过提供优惠的产品价格、良好的咨询服务、购买便利等方式增强零售店形象管理，可通过选择当地人际关系较多或较好的零售商作为合作伙伴，主动维护和发展与顾客良好的情感关系来加强与顾客的关系质量管理、增加农资零售商的品牌资产，从而提高农户购后价值、获得顾客购买信任。特别是对于实施农资电商战略的农资企业而言，要提升自身品牌资产价值、加强网店服务管理，从而降低农户对线下传统零售店的交易依赖、增强农户网购农资的意愿。

第三，农资企业要合理利用情境因素在农户农资锁定购买行为中的重要作用。人情关系质量、交易依赖关系、社会规范和感知差异化等情境因素对农户农资锁定购买行为具有重要的影响，说明与零售商的人际关系、对品牌或零售店的依赖程度、周围购买群体基数、与其他品牌或店铺的差异性均是影响农户农资购买决策的重要因素。为此，农资企业可实施差异化营销战略，以提高农户购买其他品牌或惠顾其他零售店的转换成本，从而增强农户对农资品牌和农资零售店的交易依赖；加强零售商渠道关系管理，鼓励零售商投入更多时间和精力来发展与农户的人情关系，进而促进农户长期再次购买；将更多的潜在顾客发展为忠诚型顾客，发挥周围顾客群体对其他农户群体的购买引导作用。

第四，政府机构应通过规范农资市场和加强公共服务来提高农户购买农资的选择自由度。由于当前存在的农户农资锁定购买行为在一定程度上产生于相对封闭的社会关系网络和选择受限的情境，农户农资锁定购买行为决策不完全是出于较高的产品满意度和忠诚度，可能是转换成本过高或选择受限等客观条件限制导致的被动行为。这种选择受限的状态不利于提高农户农资产品选购质量及农业生产水平，也不利于农资产业的健康发展。因此，政府应制定合理的产业发展政策，提供良好的公共服务，有效弱化封闭的乡村社会关系网络与农户选择受限的联系，如引导和扶持发展潜力较大的农资企业，扩大乡村农资市场的产品供给源，使农户拥有更多产品和更好服务的选择主动权；完善信息咨询、政策性信贷业务等社会化服务机制，加快农资产品现代化多样性供需网络的建设等。

第五，政府机构应针对各地区农资交易市场的现状采取相应措施来优化农资市场环境、改善农户选购农资产品的客观条件。由于我国农业经济、乡村关系网络发展不平衡，各地区农户农资锁定购买行为在形成路径、作用程度及表现形式等方面存在较大的差异。为此，政府部门可因地制宜地对不同区域农资市场采取不同的管理方式，继续推进东部地区现有农资产品供需渠道网络的建设，充分发挥东部市场在中部和西部市场产品供需中的带动和扶持作用；提高中部农资市场的开放性，引导更多潜力较大的农资龙头企业的发展，提高零售企业信息咨询、技术指导等售后服务水平；加快西部地区乡村公共道路等基础设施建设，扩大农资市场的产品供给源，使农户能够自主选择更多的产品和更好的服务。

第六，政府机构应建立健全适应农资电商发展的市场规范和服务体系来保障农民网购的相关权益。情境脆弱性是影响信息处理模式对农户农资在线购买模式作用机制的重要情境因素，由于农资电商尚处于初步发展时期，网络覆盖、物流运输等农村基础设施以及网购权益、售后服务等顾客保障机制有待进一步开发和完善，这些软硬件设施的不足或缺失使得农户可能面临更多网购风险。一方面，政府机构可采取健全《消费者权益保护法》等法律措施来规范农资网络购销市场、保障农户网购相关权益，以减少或消除农户对网购安全性等方面的顾虑；另一方面，可建立全国农资产品流通骨干网络，加快从城市到乡村的网络和物流体系建设，支持农资电商平台搭建和乡村服务站点建设，从而完善品牌推广、技术支持等服务，增强农户网购农资产品的信心。

## 第三节　本书局限与未来展望

本书通过文献研究和实证分析法初步探索了农户农资锁定购买行为的主要模式，实证归纳了农户农资锁定购买行为的影响因素，构建检验了农户农资锁定购买行为的形成机理模型，重构分析了农户农资锁定意识对在线购买模式的解释机制，具有一定的学术价值和实践意义。但由于各种条件的限制，本书也存在以下不足之处。

第一，样本地域的局限性。本书主要通过山东省、湖北省、河南省和四川省这些东中西部地区的调查资源来探究农户农资锁定购买行为的影响因素及内在机理，但由于我国各地自然资源、经济发展及社会环境等因素的差异性，将研究样本聚焦于某一个或几个区域范围内可能存在样本代表性不足的问题。为此，未来研究可采取更为广泛的抽样，研究其他区域环境下农户农资锁定购买行为的表现，以扩大研究的可适用性。

第二，变量选取的局限性。本书主要从直接因素和情境因素的视角深入分析了品牌感知价值、零售店感知形象、感知差异化、交易依赖关系、人情关系质量、社会规范因素对农户农资锁定购买行为的重要影响，揭示了农户农资锁定购买行为的形成机理。然而，影响农户农资锁定购买行为的因素还有很多，如农户个人心理特征等，因此后续研究可从其他有意义的角度来进一步探讨不同因素对农户农资锁定购买行为影响的内在机理，从而进一步完善农户农资锁定购买行为的研究框架。

第三，测量指标的局限性。由于目前相关研究领域还没有关于锁定购买行为的规范性测量方法，本书在明确锁定购买行为概念的基础上，通过借鉴习惯性或重复性购买行为、顾客忠诚等概念的衡量指标及研究方法来测量锁定购买行为变量，可能影响因变量测量及研究结论的准确性。因此，后续研究者可在探索锁定购买行为具体测量指标的基础上，进一步实证检验和修正本书的研究假设。

# 参考文献

[1] 白凯：《乡村旅游地场所依赖和游客忠诚度关联研究——以西安市长安区"农家乐"为例》，《人文地理》2010 年第 4 期。

[2] 宝贡敏、徐碧祥：《国外企业声誉理论研究述评》，《科研管理》2007 年第 3 期。

[3] 曹颖、符国群：《使用者形象一致性及形象强度对品牌延伸的影响》，《管理学报》2012 年第 5 期。

[4] 常亚平等：《C2C 环境下服务质量对阶段信任的影响研究》，《管理学报》2014 年第 8 期。

[5] 常亚平等：《在线店铺设计对消费者购买意愿的影响研究》，《管理学报》2011 年第 6 期。

[6] 陈海涛等：《在线外卖平台用户重复购买行为的建模与实证研究》，《软科学》2015 年第 11 期。

[7] 陈慧等：《守范？失范？——作为参照点的社会规范对决策行为的影响》，《心理科学》2015 年第 2 期。

[8] 陈明亮：《客户重复购买意向决定因素的实证研究》，《科研管理》2003 年第 1 期。

［9］ 陈平路：《信息经济下的锁定效应及对策研究》，《科技进步与对策》2003 年第 6 期。

［10］ 陈瑞剑等：《从棉花种子市场和农户市场参与行为看我国种子行业的商业化改革》，《中国软科学》2009 年第 5 期。

［11］ 陈思静、马剑虹：《第三方惩罚与社会规范激活——社会责任感与情绪的作用》，《心理科学》2011 年第 3 期。

［12］ 陈维政、任晗：《人情关系和社会交换关系的比较分析与管理策略研究》，《管理学报》2015 年第 6 期。

［13］ 陈雪阳、刘建新：《顾客忠诚的形成机理与培育策略》，《经济问题探索》2006 年第 7 期。

［14］ 邓爱民等：《网络购物顾客忠诚度影响因素的实证研究》，《中国管理科学》2014 年第 6 期。

［15］ 丁涛、刘霞：《网络经济下的锁定成因及其反锁定策略》，《现代情报》2006 年第 1 期。

［16］ 董大海、金玉芳：《作为竞争优势重要前因的顾客价值：一个实证研究明》，《管理科学学报》2004 年第 10 期。

［17］ 费孝通：《乡土中国》，人民出版社，2008。

［18］ 冯必扬：《人情社会与契约社会——基于社会交换理论的视角》，《社会科学》2011 年第 9 期。

［19］ 傅新红、宋汶庭：《农户生物农药购买意愿及购买行为的影响因素分析——以四川省为例》，《农业技术经济》2010 年第 6 期。

［20］ 郭俊贤：《消费者手机支付行为实证研究》，西南财经大学硕士学位论文，2012。

［21］ 何卫华：《顾客重复购买意向实证研究》，《经济研究导刊》

2009 年第 27 期。

[22] 贺爱忠、李钰：《商店形象对自有品牌信任及购买意愿影响的实证研究》，《南开管理评论》2010 年第 2 期。

[23] 侯旻、吴小丁：《百货店服务要素对店铺印象影响：基于晕轮理论的解释》，《商业经济与管理》2008 年第 8 期。

[24] 胡海清等：《信息丰富度、采购成本、线上渠道模式对购买行为的影响研究》，《管理评论》2012 年第 5 期。

[25] 胡洋：《商业集聚店铺魅力度与消费者决策型态关系的探索性研究》，吉林大学硕士学位论文，2007。

[26] 黄劲松等：《中国顾客重复购买意向的多水平研究》，《管理科学学报》2004 年第 6 期。

[27] 黄静等：《企业家微博信息对其形象评价的影响机制研究》，《管理世界》2014 年第 9 期。

[28] 霍荣棉：《关系持续预期与规范目标激活：合适性逻辑下的信任决策》，《心理科学》2014 年第 3 期。

[29] 霍荣棉、马剑虹、刘谞：《公共物品两难中相互依赖关系对合作行为的影响》，《应用心理学》2009 年第 1 期。

[30] 姜凌等：《奢侈品牌与大众品牌：购买决策中参照群体影响差异研究》，《预测》2009 年第 4 期。

[31] 姜岩、董大海：《品牌依恋的概念架构及其理论发展》，《心理科学进展》2008 年第 4 期。

[32] 姜岩、董大海：《品牌依恋理论研究探析》，《外国经济与管理》2008 年第 2 期。

[33] 蒋侃、张子刚：《多渠道零售商非价格策略对在线购买行为的影响研究》，《华东经济管理》2011 年第 1 期。

［34］雷思友：《建立顾客转换成本壁垒和预测顾客保持效果》，《技术经济》2007 年第 9 期。

［35］黎开颜、陈飞翔：《深化开放中的锁定效应与技术依赖》，《数量经济技术经济研究》2008 年第 11 期。

［36］李东进等：《消费者重复购买意向及其影响因素的实证研究》，《管理学报》2007 年第 5 期。

［37］李琪、阮燕雅：《有用性无差异的在线产品质量评论和服务水平评论对消费者网上购买意愿的不同影响研究》，《经济问题探索》2015 年第 1 期。

［38］李先国等：《时间压力和参照群体对消费者网络团购意愿的影响》，《中国软科学》2012 年第 4 期。

［39］李先国、杨晶、刘雪敬：《时间压力和参照群体对消费者网络团购意愿的影响》，《中国软科学》2012 年第 4 期。

［40］李艺、马钦海：《顾客心理安全感对网络服务消费行为作用的实证研究》，《管理学报》2007 年第 6 期。

［41］梁邦利：《低碳住宅消费行为研究综述》，《商品与质量》2011 年第 7 期。

［42］刘怀伟、贾生华：《基于锁定的顾客网络管理策略》，《科研管理》2003 年第 5 期。

［43］刘辉、宋福丽：《基于服务的顾客感知价值与重复购买意愿关系的实证》，《统计与决策》2009 年第 12 期。

［44］刘顺忠：《在线客服沟通方式和商品特征对顾客网络购物意向影响的研究》，《消费经济》2015 年第 4 期。

［45］刘晓燕：《大型超市商店形象对顾客忠诚影响的实证研究》，东北大学硕士学位论文，2010。

［46］ 刘彧彧等：《企业声誉的影响因素及其对消费者口碑传播行为的作用》，《管理学报》2009 年第 3 期。

［47］ 刘元宝等：《农户购买种子行为探析》，《安徽农业大学学报》（社会科学版）2001 年第 3 期。

［48］ 卢福财、胡平波：《全球价值网络下中国企业低端锁定的博弈分析》，《中国工业经济》2008 年第 10 期。

［49］ 陆娟：《顾客满意与顾客忠诚关系中的调节因素研究——来自北京服务业的实证分析》，《管理世界》2007 年第 12 期。

［50］ 陆娟、张东晗：《消费者品牌忠诚影响因素实证分析》，《财贸研究》2004 年第 6 期。

［51］ 马钦海等：《C2C 环境下顾客初始信任的影响机制研究：网上购物经验的调节作用》，《管理评论》2012 年第 7 期。

［52］ 买忆媛、熊婵：《创业团队的认知锁定对创业团队稳定性的影响——基于创业团队的多案例研究》，《科学学研究》2012 年第 3 期。

［53］ 牛更枫等：《在线评论数量和质量对网络购物意愿的影响：认知需要的调节作用》，《心理科学》2016 年第 6 期。

［54］ 浦徐进等：《农户维护集体品牌的行为分析：个人声誉与组织声誉的互动》，《农业经济问题》2011 年第 4 期。

［55］ 任晓丽等：《C2C 环境下卖家差异化策略对销量的影响——基于两阶段决策的买家购物决策分析》，《管理评论》2013 年第 2 期。

［56］ 单娟、范小军：《零售商形象、品类特征与自有品牌购买意愿》，《管理评论》2016 年第 5 期。

［57］ 施丽芳、廖飞、丁德明：《个人声誉关注作为心理不确定的

缓解器：程序公平——合作关系下的实证研究》，《管理世界》2012 年第 12 期。

[58] 史有春、刘春林：《顾客重复购买行为的实证研究》，《南开管理评论》2005 年第 1 期。

[59] 宋丽娜、田先红：《论圈层结构——当代中国农村社会结构变迁的再认识》，《中国农业大学学报》（社会科学版）2011 年第 1 期。

[60] 宋书楠、董大海、刘瑞明：《关系营销中顾企关系层面研究——兼论服务性企业个人关系对顾客承诺影响机理》，《当代经济管理》2012 年第 1 期。

[61] 宋思根：《零售形象、业态惠顾意向与消费者决策型态关系的实证研究》，《经济科学》2006 年第 4 期。

[62] 孙瑾：《消费者对比决策过程研究：专业化水平和购买情境的调节作用》，《管理评论》2014 年第 9 期。

[63] 孙娟、包玉泽、李艳军：《"互联网＋"情境下农资网购的"情·理·法"：农户在线信任构建机制的实证研究》，《财经论丛》2016 年第 12 期。

[64] 孙娟、李艳军：《心甘情愿还是情非所愿？农户农资产品锁定购买行为的驱动因素研究》，《经济管理》2014 年第 11 期。

[65] 孙娟、李艳军：《农业现代化的新方向：社区支持农业的发展及政策建议》，《农村经济》2015 年第 8 期。

[66] 孙娟、李艳军：《社区信任中介下社区感知对农户品牌行为的影响研究》，《农业技术经济》2016 年第 2 期。

[67] 孙娟、李艳军：《权力与公平：社会网络嵌入对农资零售商

知识转移影响机理的实证研究——基于 SEM 的传统渠道和电商渠道情境的差异分析》，《管理工程学报》2019 年第 4 期。

［68］孙彦、李纾、殷晓莉：《决策与推理的双系统——启发式系统和分析系统》，《心理科学进展》2007 年第 5 期。

［69］田志龙、杨文、龙晓枫：《影响中国消费行为的社会规范及消费者的感知——对消费者规范理性的探索性研究》，《经济管理》2011 年第 1 期。

［70］涂荣庭、赵占波、涂平：《产品属性对顾客满意影响的实证研究》，《管理科学》2007 年第 6 期。

［71］汪旭晖：《店铺形象对自有品牌感知与购买意向的影响研究》，《财经问题研究》2007 年第 8 期。

［72］汪旭晖：《零售店铺环境对消费者惠顾行为的作用机理研究》，《北京工商大学学报》（社会科学版）2008 年第 1 期。

［73］王崇、李一军、叶强：《互联网环境下基于消费者感知价值的购买决策研究》，《预测》2007 年第 3 期。

［74］王建军：《人情关系质量在关系营销中的作用研究》，大连理工大学博士学位论文，2012。

［75］王建民：《转型时期中国社会的关系维持——从"熟人信任"到"制度信任"》，《甘肃社会科学》2005 年第 6 期。

［76］王乐、赵宏霞、孙晓红：《消费者价值体验对网购意愿的影响研究》，《价格理论与实践》2016 年第 1 期。

［77］王良燕、韩冰、叶子：《基于自我建构的社会规范中西差异化研究》，《系统管理学报》2016 年第 3 期。

［78］王朋：《习惯性或忠诚性购买行为下的新产品扩散》，《科研

管理》2004 年第 5 期。

[79] 王永贵、贾鹤：《全球客户管理研究与实践的现状与展望》，《外国经济与管理》2007 年第 3 期。

[80] 温忠麟、侯杰泰、张雷：《调节效应与中介效应的比较和应用》，《心理学报》2005 年第 2 期。

[81] 温忠麟、张雷、侯杰泰、刘红云：《中介效应检验程序及其应用》，《心理学报》2004 年第 5 期。

[82] 吴波、李东进、杜立婷：《消费者品牌感知研究——对品牌意图能动框架的延伸》，《管理评论》2015 年第 2 期。

[83] 吴东晓：《基于顾客的饭店品牌价值影响因素的实证研究》，《南开管理评论》2003 年第 1 期。

[84] 吴剑琳、代祺、古继宝：《产品涉入度、消费者从众与品牌承诺：品牌敏感的中介作用——以轿车消费市场为例》，《管理评论》2011 年第 9 期。

[85] 吴锦峰：《商店形象维度对零售品牌权益影响的实证研究》，《管理评论》2009 年第 7 期。

[86] 吴锦峰、常亚平、潘慧明：《多渠道整合质量对线上购买意愿的作用机理研究》，《管理科学》2014 年第 1 期。

[87] 吴锦峰、胥朝阳：《店铺形象影响零售商权益过程中自有品牌感知质量的调节作用》，《管理评论》2010 年第 8 期。

[88] 吴梦、白新文：《动机性信息加工理论及其在工业与组织心理学中的应用》，《心理科学进展》2012 年第 11 期。

[89] 吴泗宗、揭超：《零售企业顾客感知差异化因素及惠顾意愿的形成》，《当代财经》2011 年第 5 期。

[90] 吴泗宗、揭超、熊国钺：《感知差异化对零售店顾客惠顾与

支付意愿影响机理研究》，《经济与管理研究》2011 年第
4 期。

[91] 谢鸿飞、赵晓飞：《服务业顾客维持策略影响顾客忠诚的作
用机制研究——一个基于信任、价值与满意的分析模型》，
《管理评论》2010 年第 11 期。

[92] 谢来辉：《碳锁定、"解锁"与低碳经济之路》，《开放导报》
2009 年第 5 期。

[93] 谢佩洪、吴红妹、魏农建等：《转型时期我国 B2C 电子商务
中顾客满意度影响因素的实证研究》，《科研管理》2011 年
第 10 期。

[94] 谢毅、彭泗清：《品牌个性对品牌态度和购买意向的影响研
究：中外品牌的跨行业比较》，《管理评论》2012 年第
12 期。

[95] 徐洁、周宁：《认知需求对个体信息加工倾向性的影响》，
《心理科学进展》2010 年第 4 期。

[96] 徐同道、吴冲：《农户资源禀赋对优质小麦新品种选择影响
之实证分析——以江苏丰县为例》，《中国农学通报》2008
年第 1 期。

[97] 薛永基、孙宇彤：《游客对自然游憩品牌认知、感知质量与
品牌忠诚的关系研究——以北京市为例》，《资源科学》2016
年第 2 期。

[98] 严浩仁：《试论顾客忠诚的影响因素与理论模型》，《商业经
济与管理》2005 年第 4 期。

[99] 严浩仁、贾生华：《试论顾客满意的形成机理模型及其发
展》，《经济经纬》2004 年第 1 期。

［100］严兴全、周庭锐、李雁晨：《信任、承诺、关系行为与关系绩效：买方的视角》，《管理评论》2011 年第 3 期。

［101］杨浩熊、王雯：《第三方物流企业顾客满意度测评体系研究》，《管理评论》2015 年第 1 期。

［102］杨宜苗：《店铺形象对顾客感知价值与交叉购买意愿的影响研究》，东北财经大学博士学位论文，2009。

［103］杨中芳、彭泗清：《中国人人际信任的概念化：一个人际关系的观点》，《社会学研究》1999 年第 2 期。

［104］姚山季、王永贵：《顾客参与新产品开发及其绩效影响：关系嵌入的中介机制》，《管理工程学报》2012 年第 4 期。

［105］易英：《切换成本和锁定效应与网络成长》，《情报杂志》2005 年第 8 期。

［106］余勇、田金霞、粟娟：《场所依赖与游客游后行为倾向的关系研究——以价值感知、满意体验为中介变量》，《旅游科学》2010 年第 3 期。

［107］俞芳、李艳军、李万君：《农资代理商感知依赖对其渠道关系型治理影响的实证研究》，《江西农业大学学报》（社会科学版）2013 年第 3 期。

［108］曾亿武、万粒、郭红东：《农业电子商务国内外研究现状与展望》，《中国农村观察》2016 年第 3 期。

［109］张闯、徐健、夏春玉：《农户人际关系网络结构对渠道行为与续约意愿的影响》，《商业经济与管理》2011 年第 5 期。

［110］张春晖、白凯：《乡村旅游地品牌个性与游客忠诚：以场所依赖为中介变量》，《旅游学刊》2011 年第 2 期。

［111］张婧、蒋艳新：《产业服务企业品牌导向对品牌资产的影响

机制研究》，《管理评论》2016 年第 3 期。

[112] 张蒙萌、李艳军：《农户"被动信任"农资零售商的缘由：社会网络嵌入视角的案例研究》，《中国农村观察》2014 年第 5 期。

[113] 张蒙萌、李艳军、刘学：《零售店情境下的品牌连动效应：不同促销手段的调节作用——基于湖北省 379 位农户的调查》，《华中农业大学学报》（社会科学版）2013 年第 6 期。

[114] 张素华：《基于网络外部性与从众效应的锁定策略研究》，厦门大学硕士学位论文，2008。

[115] 张欣、姚山季、王永贵：《顾客参与新产品开发的驱动因素：关系视角的影响机制》，《管理评论》2014 年第 5 期。

[116] 张言彩、韩玉启：《虚假忠诚与顾客转换惰性研究文献回顾及其对比分析》，《现代管理科学》2007 年第 10 期。

[117] 张燚、张锐、刘进平：《品牌价值来源及其理论评析》，《预测》2010 年第 5 期。

[118] 张忠明、钱文荣：《不同土地规模下的农户生产行为分析——基于长江中下游区域的实地调查》，《四川大学学报》（哲学社会科学版）2008 年第 1 期。

[119] 赵红、谢琳灿：《关系感知在银行业顾客忠诚形成中的中介机制研究》，《数学的实践与认识》2013 年第 11 期。

[120] 赵宏霞、王新海、周宝刚：《B2C 网络购物中在线互动及临场感与消费者信任研究》，《管理评论》2015 年第 2 期。

[121] 赵卫宏：《网络零售中的顾客价值及其对店铺忠诚的影响》，《经济管理》2010 年第 5 期。

[122] 郑秋莹、姚唐、范秀成等：《基于 Meta 分析的"顾客满意——

顾客忠诚"关系影响因素研究》,《管理评论》2014 年第 2 期。

[123] 周健明、邓诗鉴:《品牌依恋对消费惯性与品牌忠诚的影响研究》,《管理现代化》2015 年第 6 期。

[124] 周磊:《网络环境下的锁定理论研究》,《台声 . 新视角》2006 年第 1 期。

[125] 周文辉、陈晓红:《商店形象、顾客满意度与忠诚度关系的实证研究》,《预测》2008 年第 5 期。

[126] 周文辉、刘丽蓉:《顾客忠诚度的驱动因素实证研究:以大型超市为例》,《管理现代化》2007 年第 3 期。

[127] 庄贵军、席酉民:《关系营销在中国的文化基础》,《管理世界》2003 年第 10 期。

[128] 邹德强、王高、赵平、王燕:《功能性价值和象征性价值对品牌忠诚的影响:性别差异和品牌差异的调节作用》,《南开管理评论》2007 年第 3 期。

[129] Aiken, L. S., West, S. G., Reno, R. R., *Multiple regression: Testing and Interpreting Interactions* (Sage Publications, 1991).

[130] Ajzen, I., Fishbein, M., "Understanding Attitudes and Predicting Social Behavior", *Psychological Review*, 81 (1), 1980, pp. 59 – 74.

[131] Ajzen, I., Madden, T. J., "Prediction of Goal-Directed Behavior: Attitudes Intentions and Perceived Behavioral Control", *Experimental Social Psychology*, (22), 2006, pp. 55 – 64.

[132] Allard, T., Babin, B. J., Chebat, J. C., "When Income Matters: Customers Evaluation of Shopping Malls' Hedonic and

Utilitarian Orientations", *Journal of Retailing and Consumer Services*, 16 (1), 2009, pp. 40 – 49.

[133] Arthur, W. B. , "Self-reinforcing Mechanisms in Economics", *The Economy as an Evolving Complex System*, 5, 1988, pp. 9 – 31.

[134] Assael, H. , *Consumer Behavior and Marketing Action* (Boston, MA: PWS-Kent, 1987) .

[135] Babin, B. J. , Babin, L. A. , "Seeking Something Different? A Model of Schema Typicality, Consumer Affect, Purchase Intentions and Perceived Shopping Value", *Journal of Business Research*, 54 (2), 2001, pp. 89 – 96.

[136] Badrinarayanan, V. , Becerra, E. P. , Madhavaram, S. , "Influence of Congruity in Store-Attribute Dimensions and Self-Image on Purchase Intentions in Online Stores of Multichannel Retailers", *Journal of Retailing and Consumer Services*, 21 (6), 2014, pp. 1013 – 1020.

[137] Bagozzi, R. P. , Lee, K. , Van Loo, M. F. , "Decisions to Donate Done Marrow: The Role of Attitudes and Subjective Norms across Culture", *Psychology and Health*, 16, 2001, pp. 29 – 56.

[138] Baker, S. M. , Gentry, J. W. , Rittenburg, T. L. , "Building Understanding of the Domain of Consumer Vulnerability", *Journal of Micromarketing*, 25 (2), 2005, pp. 128 – 139.

[139] Baker, S. M. , Hunt, D. M. , Rittenburg, T. L. , "Consumer Vulnerability as a Shared Experience: Tornado Recovery Process in Wright, Wyoming", *Journal of Public Policy and Market-*

ing, 26 (1), 2007, pp. 6 – 19.

[140] Bansal Harvir, S. , Shirley F. Taylor and Yannik St. James, "Migrating to New Service Providers: Toward a Unifying Framework of Consumers' Switching Behaviors", *Journal of the Academy of Marketing Science*, 33 (1), 2005, pp. 96 – 115.

[141] Bennett, E. L. ,"Is There a Link between Wild Meat And Food Security?", *Conservation Biology*, 16 (3), 2002, pp. 590 – 592.

[142] Boccaletti, S. , Latora, V. , Moreno, Y. et al. , "Complex Networks: Structure and Dynamics", *Physics Reports*, 2006, pp. 175 – 308.

[143] Brucks, M. ,"The Effects of Product Class Knowledge on Information Search Behavior", *Journal of Consumer Research*, 1985, pp. 1 – 16.

[144] Cacioppo, J. T. , Petty, R. E. , "The Need for Cognition", *Journal of Personality and Social Psychology*, 42 (1), 1982, pp. 116 – 131.

[145] Cacioppo, J. T. , Petty, R. E. and Feng, K. C. , "The Efficient Assessment of Need for Cognition", *Journal of Personality Assessment*, 48 (3), 1984, pp. 306 – 307.

[146] Canhoto, A. I. , Dibb, S. , "Unpacking the Interplay between Organisational Factors and the Economic Environment in the Creation of Consumer Vulnerability", *Journal of Marketing Management*, 32 (3 – 4), 2016, pp. 335 – 356.

[147] Chaudhuri, Arjun, Mark Ligas, "Consequences of Value in Retail Markets", *Journal of Retailing*, 85 (3), 2009,

pp. 406 – 419.

[148] Chen, Z. , Huang, Y. , Sternquist, B. , "Guanxi Practice and Chinese Buyer-Supplier Relationships: The Buyer's Perspective", *Industrial Marketing Management*, 40 (4), 2011, pp. 569 – 580.

[149] Cheryl R. Doss, "Designing Agricultural Technology for African Women Farmers: Lessons from 25 Years of Experience", *World Development*, 29 (12), 2001, pp. 2075 – 2092.

[150] Chua, R. Y. J. , Ingram, P. , Morris, M. W. , "From The Head and the Heart: Locating Cognition-And Affect-Based Trust in Managers' Professional Networks", *Academy of Management Journal*, 51 (3), 2008, pp. 436 – 452.

[151] Cronin, J. J. Jr. , Brady, M. K. , Hult, G. T. M. , "Assessing the Effects of Quality, Value and Customer Satisfaction on Consumer Behavioral Intentions in Service Environments", *Journal of Retailing*, 76 (2), 2000, pp. 193 – 218.

[152] Diallo, M. F. , "Effects of Store Image and Store Brand Price-Image on Store Brand Purchase Intention: Application to an Emerging Market", *Journal of Retailing and Consumer Services*, 19 (3), 2012, pp. 360 – 367.

[153] Dick, A. , Basu, K. , "Customer Loyalty: Toward an Integrated Conceptual Framework", *Journal of Marketing Science*, 22 (2), 1994, pp. 99 – 113.

[154] Djatmiko, T. , Pradana, R. , "Brand Image and Product Price; Its Impact for Samsung Smartphone Purchasing Deci-

sion", *Procedia-Social and Behavioral Sciences*, 219, 2016, pp. 221 – 227.

[155] Duke, Chul, Sang et al. , "Customer Loyalty and Disloyalty in Internet Retail Stores: Its Antecedents and Its Effect on Customer Price Sensitivity", *International Journal of Management*, 23 (4), 2006, pp. 925 – 941.

[156] Duschek, S. , "Inter-Firm Resources and Sustained Competitive Advantage", *Management Revue*, 15 (1), 2004, pp. 53 – 73.

[157] Erdil, T. S. , "Effects of Customer Brand Perceptions on Store Image and Purchase Intention: An Application in Apparel Clothing", *Procedia-Social and Behavioral Sciences*, 207, 2015, pp. 196 – 205.

[158] Farrell, J. , Klemperer, P. , "Coordination and Lock-in: Competition with Switching Costs and Network Effects", *Handbook of Industrial Organization*, 3, 2007, pp. 1967 – 2072.

[159] Geriach, A. , "Announcement, Entry and Prescription When Consumers Have Switching Costs", *Rand Journal of Economies*, (1), 2004, pp. 25 – 36.

[160] Graciola, A. P. , De Toni, D. , Milan, G. S. et al. , "Mediated-moderated Effects: High and Low Store Image, Brand Awareness, Perceived Value from Mini and Supermarkets Retail Stores", *Journal of Retailing and Consumer Services*, 55, 2020.

[161] Grewal, Krishnan, Baker, Borin, "The Effect of Store Name, Brand Name and Price Discounts on Consumers' Evaluations and Purchase Intentions", *Journal of Retailing*, 74 (2), 1998,

pp. 331 – 352.

[162] Harrison, M. P. , Beatty, S. E. , Reynolds, K. E. , et al. , *Why Customers Stay in Relationships*: *The Lock-in Factors*, Proceedings of the 2008 Academy of Marketing Science (AMS) Annual Conference (Springer International Publishing, 2015), pp. 94 – 94.

[163] Haugtvedt, C. P. , Petty, R. E. ,"Personality and Persuasion: Need for Cognition Moderates the Persistence and Resistance of Attitude Changes", *Journal of Personality and Social Psychology*, 63 (2), 1992, pp. 308 – 319.

[164] Hidalgo, M. C. , Hernández, B. , "Place Attachment: Conceptual and Empirical Questions", *Journal of Environmental Psychology*, 21 (3), 2001, pp. 273 – 281.

[165] Hutchinson, F. ,"A Review of Some Topics Concerning Mutagenesis by Ultraviolet Light", *Photochemistry and Photobiology*, 45 (S1), 1987, pp. 897 – 903.

[166] Ingrassia, P. , Patterson, A. ,"Is Buying a Car a Choice or a Chore?", *The Wall Street Journal*, 1989, p. 24.

[167] Jackie L. M. Tam, "Customer Satisfaction, Service Quality and Perceived Value: An Integrative Model", *Journal of Marketing Management*, 8 (20), 2004, pp. 897 – 917.

[168] Jones, M. A. , Mothersbaugh, D. L. , Beatty, S. E. , "Why Customers Stay: Measuring the Underlying Dimensions of Services Switching Costs and Managing their Differential Strategic Outcomes", *Journal of Business Research*, 55 (6), 2002,

pp. 441 – 450.

[169] Kahneman, D. , Frederick, S. , "Representativeness Revisited: Attribute Substitution in Intuitive Judgment", *Heuristics and Biases: The Psychology of Intuitive Judgment*, 2002, p. 49.

[170] Kaled Al-Momani, Nor Azila Mohd Noor PhD, "The Relationship between E-Service Quality and Ease of Use on Customer Relationship Management (CRM) Performance: An Empirical Investigation in Jordan Mobile Phone Services", *Journal of Internet Banking and Commerce*, 15 (1), 2010, pp. 1 – 15.

[171] Katz, M. L. , Shapiro, C. , "Network Externalities, Competition and Compatibility", *The American Economic Review*, 75 (3), 1985, pp. 424 – 440.

[172] Kim, J. , Baek, Y. , Choi, Y. H, "The Structural Effects of Metaphor-Elicited Cognitive and Affective Elaboration Levels on Attitude toward the Ad", *Journal of Advertising*, 41 (2), 2012, pp. 77 – 96.

[173] Klemperer, P. , "Markets with Consumer Switching Costs", *The Quarterly Journal of Economics*, 102 (2), 1987, pp. 375 – 394.

[174] Koul, S. , Sinha, P. K. , Mishra, H. G. , "Antecedents to Customer Dependency in Buyer-Seller Relationship: A BOP Retailer Investigation", *Global Business Review*, 17 (3), 2016, pp. 610 – 629.

[175] Lai Fu-jun, Griffin, M. , Babin, B. J. , "How Quality, Value, Image and Satisfaction Create Loyalty at a Chinese Telecom", *Journal of Business Research*, 62, 2009, pp. 980 – 986.

［176］ Laufer, D. , Gillespie, K. , "Differences in Consumer Attribu-
tions of Blame between Men and Women: The Role of Perceived
Vulnerability and Empathic Concern", *Psychology and Market-
ing*, 21 (2), 2004, p. 141.

［177］ Lee, D. Y. , Dawes, P. L. , "Guanxi, Trust, and Long-term
Orientation in Chinese Business Markets", *Journal of Interna-
tional Marketing*, 13 (2), 2005, pp. 28 – 56.

［178］ Li, L. , L, i G. , Feng, X. et al. , "Moderating Effect of Dy-
namic Environment in the Relationship between Guanxi, Trust,
and Repurchase Intention of Agricultural Materials", *Interna-
tional Journal of Environmental Research and Public Health*, 16
(19), 2019.

［179］ London, T. , Hart, S. L. , "Reinventing Strategies for Emer-
ging Markets: Beyond the Transnational Model", *Journal of In-
ternational Business Studies*, 35 (5), 2004, pp. 350 – 370.

［180］ Mansfield, P. M. , Pinto, M. B. , "Consumer Vulnerability and
Credit Card Knowledge among Developmentally Disabled Citizens",
*Journal of Consumer Affairs*, 2008, 42 (3): pp. 425 – 438.

［181］ Masset, J. , Decrop, A. ," ' God, I Have so Many Ashtrays! '
Dependences and Dependencies in Consumer-Possession Rela-
tionships", *Journal of Business Research*, 69 (1), 2016,
pp. 94 – 109.

［182］ Mccort, D. J. , Malhotra, N. K. , "Culture and Consumer Be-
havior: Toward an Understanding of Cross-Cultural Consumer
Behavior in International Marketing", *Journal of International*

*Consumer Marketing*, 6 (2), 1993, pp. 91 – 127.

[183] McQuarrie, E. F. , Mick, D. G. , "Visual Rhetoric in Adver-tising: Text- Interpretative, Experimental and Reader-spouse Analyses", *Journal of Consumer Research*, 26 (1), 1999, pp. 37 – 54.

[184] Meixner, O. , Knoll, V. , "An Expanded Model of Variety-Seeking Behaviour in Food Product Choices", *British Food Journal*, 114 (11), 2012, pp. 1571 – 1586.

[185] Mills, J. , Meltzer, R. , Clark, M. , "Effect of Number of Options on Recall of Information Supporting Different Decision Strategies", *Personality and Social Psychology Bulletin*, (3), 1977, pp. 213 – 218.

[186] Moorman, C. , Diehl, K. , Brinberg, D. , et al. , "Subjec-tive Knowledge, Search Locations, and Consumer Choice", *Journal of Consumer Research*, 31 (3), 2004, pp. 673 – 680.

[187] Naidoo, C. , Abratt, R. , "Brands that Do Good: Insight Into Social Brand Equity", *Journal of Brand Management*, 25 (1), 2018, pp. 3 – 13.

[188] Nikhashemi, S. R. , Tarofder, A. K. , Gaur, S. S. , et al. , "The Effect of Customers' Perceived Value of Retail Store on Re-lationship between Store Attribute and Customer Brand Loyalty: Some Insights from Malaysia", *Procedia Economics and Fi-nance*, 37, 2016, pp. 432 – 438.

[189] Nunnally, D. M. , Aguiar, M. B. , "Patients' Evaluation of Their Prenatal and Delivery Care", *Nursing Research*, 23 (6),

1974, pp. 469 – 474.

[190] Odin, Y., Odin, N., Valetteflorence, P. et al., "Conceptual and Operational Aspects of Brand Loyalty: An Empirical Investigation", *Journal of Business Research*, 53 (2), 2001, pp. 75 – 84.

[191] Oliver, Richard L., *Satisfaction: A Behavioral Perspective on the Consumer* (New York: Irwin/McGraw-Hill, 1997).

[192] Palmatier, R. W. Dant, R. P., Grewal, D. et al., "Factors Influencing the Effectiveness of Relationship Marketing: A Meta-Analysis", *Journal of Marketing*, 70 (4), 2006, pp. 136 – 153.

[193] Paul Klemperer, "Entry Deterrence in Markets with Consumer Switching Costs", *The Economic Journal*, 97, 1987, pp. 99 – 117.

[194] Pavlou, P. A., "Consumer Acceptance of Electronic Commerce Integrating Trust and Risk with the Technology Acceptance Model", *International Journal of Electronic Commerce*, 7 (3), 2003, pp. 101 – 134.

[195] Posselt, T., Gerstner, E., "Pre-Sale vs. Post-Sale Satisfaction Impact on Repurchases Intention and Overall Satisfaction", *Journal of Interactive Marketing*, (4), 2005, pp. 35 – 47.

[196] Ramasamy, B., Goh, K. W., Yeung, M. C. H., "Is Guanxi (Relationship) a Bridge to Knowledge Transfer?", *Journal of Business Research*, 59 (1), 2006, pp. 130 – 139.

[197] Roberts, K., Varki, S., Brodie, R., "Measuring the Quality of Relationships in Consumer Services: An Empirical Study", *European Journal of Marketing*, 37 (1/2), 2003,

pp. 169 – 196.

[ 198 ] Rusbult, C. E. , Hannon, P. A. , Stocker, S. L. , Clarke, J. A. , *The Cambridge Handbook of Personal Relationships* ( Cambridge: Cambridge University Press, 2006) .

[ 199 ] Shah, S. M. , Adeel, M. , Hanif, F. , et al. , "The Impact of Brand Equity on Purchase Intensions with Moderating Role of Subjective Norms", *Universal Journal of Industrial and Business Management*, 4 (1) , 2016, pp. 18 – 24.

[ 200 ] Shan, Y. , King, K. W. , "The Effects of Interpersonal Tie Strength and Subjective Norms on Consumers´ Brand-Related eWOM Referral Intentions", *Journal of Interactive Advertising*, 15 (1) , 2015, pp. 16 – 27.

[ 201 ] Shapiro, C. , Varian, H. R. , *El Dominio De La Informaci ÓN: Una GuÍA EstratÉGica Para La EconomÍA De La Red* ( Antoni Bosch Editor, 2000) .

[ 202 ] Sheth, J. N. , Newman, B. I. , Gross, B. L. , "Why We Buy What We Buy: A Theory of Consumption Values", *Journal of Business Research*, 22 (2) , 1991, pp. 159 – 170.

[ 203 ] Stevens, J. , *Applied Multivariate Statistics for the Social Science* ( Mahwah, NJ: Lawrence Erlbaum, 2002) .

[ 204 ] Sweeney, Soutar, "Consumer Perceived Value: The Development of a Multiple Item Scale", *Journal of Retailing*, 77 (2) , 2001, pp. 203 – 209.

[ 205 ] Thomas Brashear Alejandro, Daniela Vilaca Souza, James S. Boles, "The Outcome of Company and Account Manager Rela-

tionship Quality on Loyalty, Relationship Value and Performance", *Industrial Marketing Management*, (40), 2011, pp. 36 – 43.

[206] Thorsten, H. T., Kevin, P. G., Dwayne, D. G., "Understanding Relationship Marketing Outcomes", *Journal of Service Research*, 4 (3), 2002, pp. 230 – 247.

[207] Todd, G., Taylor, J. L., Gandevia, S. C., "Measurement of Voluntary Activation of Fresh and Fatigued Human Muscles Using Transcranial Magnetic Stimulation", *The Journal of Physiology*, 551 (2), 2003, pp. 661 – 671.

[208] Tung-Ju, W. U., Hsien-Tang, T., Yu-Nan, T. A. I., "Would Corporate Social Responsibility Affect Consumers' Attitudes towards Brand and Purchase Behavior? Buyer-Seller Guanxi as the Moderator", *Revista de Cercetare si Interventie Sociala*, 53, 2016, p. 272.

[209] Unruh, G. C., "Understanding Carbon Lock-in", *Energy Policy*, 28 (12), 2000, pp. 817 – 830.

[210] Vahie, A., Paswan, A., "Private Label Brand Name: Its Relationship with Store Image and National Brand", *International Journal of Retail and Distribution Management*, 34 (1), 2006, pp. 67 – 84.

[211] Vikas, M., Wagner, A. K., "Satisfaction, Repurchase Intent and Purchase Behavior: Investigating the Moderating Effect of Customer Characteristics", *Journal of Marketing Research*, (2), 2001, pp. 131 – 142.

[212] Villanueva, D. M., Hanssens, *Customer Equity: Measurement*,

*Management and Research Opportunities-Foundations and Trends in Marketing* (Los Angeles: Now Publishers Inc, 2007).

[213] Vogel, K. P., Mitchell, R. B., "Heterosis in Switchgrass: Biomass Yield in Swards", *Crop Science*, 48 (6), 2008, pp. 2159 – 2164.

[214] Von Weizsäcker, C. C., "The Costs of Substitution", *Econometrica: Journal of the Econometric Society*, 1984, pp. 1085 – 1116.

[215] Wagner, K. D., Wagner, N., Sukhatme, V. P., et al., "Activation of Vitamin D Receptor by the Wilms' Tumor GeneProduct Mediates Apoptosis of Renal Cells", *Journal of the American Society of Nephrology*, 12 (6), 2001, pp. 1188 – 1196.

[216] Wang, Q., Garrity, G. M., Tiedje, J. M., et al., "Naive Bayesian Classifier for Rapid Assignment of Rrna Sequences into the New Bacterial Taxonomy", *Applied and Environmental Microbiology*, 73 (16), 2007, pp. 5261 – 5267.

[217] Yang, S., Carlson, J. R., Chen, S. et al., "How Augmented Reality Affects Advertising Effectiveness: The Mediating Effects of Curiosity and Attention Toward the Ad", *Journal of Retailing and Consumer Services*, 54, 2020.

[218] Yoo, J., Park, M., "The Effects of E-Mass Customization on Consumer Perceived Value, Satisfaction and Loyalty toward Luxury Brands", *Journal of Business Research*, 69 (12), 2016, pp. 5775 – 5784.

[219] Zeithaml, V. A., "Consumer Perceptions of Price, Quality, and Value: A Means-End Model and Synthesis of Evidence",

*Journal of Marketing*, 52（3）, 1988, pp. 2 – 22.

［220］ Zeithaml, V. A. , "Consumer Perceptions of Price, Quality and Value: A Means-End Model and Synthesis of Evidence", *Journal of Marketing*, 52, 1988, pp. 2 – 21.

# 农户农资锁定购买行为
# 影响因素的调查问卷

问卷编号_____

尊敬的农民朋友：

　　您好！我们是"农户农资购买行为"研究课题组。请您于百忙之中抽出 15 分钟左右的时间帮助完成此问卷，您的帮助是此项研究得以顺利进行的保证。您的回答将绝对保密，仅用于学术研究，希望能得到您的支持与配合。谢谢！

## Part Ⅰ　被调查者的基本情况

1. 性别_____　年龄_____　文化程度_____住址_____
省_____　市_____县_____镇（乡）_____村。

2. 您家种植农作物有_____亩，有_____亩是您自家的田，您未来愿意种植_____亩田，您种植的农作物类型是_____，种植用途是_____，您有_____年的耕作经验。
您年均收入为_____元，种植收入约占您家年收入_____

_____％。

您是否在外务工 _____，务工时长 _____ 月。

3. 您一般提前多长时间_____（天）购买种子；_____（天）购买农药；_____（天）购买肥料。

4. 农资产品的购买对您的生产生活影响很大_____（1 很不同意，2 不同意，3 一般，4 同意，5 很同意）。

## Part Ⅱ　品牌锁定购买行为的影响因素

1. 在购买农资产品时，您看重品牌_____；您对主要农资品牌产品熟悉_____（1 很不同意，2 不同意，3 一般，4 同意，5 很同意）。

2. 您在一段时间内经常购买的农资品牌产品有哪些（种）？ _____ _____请分别写出并标明这些品牌产品的类型：A 种子 B 农药 C 肥料 D 其他（农机农具、饲料等）_____。

您已连续购买这些农资品牌产品_____ 年。

3. 对以下说法您是否同意（1 很不同意，2 不同意，3 一般，4 同意，5 很同意）。

| 一、品牌感知价值的测量 | | | | | |
| --- | --- | --- | --- | --- | --- |
| 1. 该农资品牌产品的使用效果好 | 1 | 2 | 3 | 4 | 5 |
| 2. 该农资品牌产品能满足我的种植需求 | 1 | 2 | 3 | 4 | 5 |
| 3. 同其他品牌相比，该农资品牌产品质量好 | 1 | 2 | 3 | 4 | 5 |
| 4. 该农资品牌产品性能基本与预期相符 | 1 | 2 | 3 | 4 | 5 |
| 5. 使用该农资品牌产品时如果出现问题，一般能得到解决 | 1 | 2 | 3 | 4 | 5 |

续表

| 6. 该农资品牌产品相较于同类产品的信誉好 | 1 | 2 | 3 | 4 | 5 |
|---|---|---|---|---|---|
| 7. 相比其他同类产品，该农资品牌产品的价格我能接受 | 1 | 2 | 3 | 4 | 5 |
| 8. 购买该农资品牌产品所耗费的时间精力少 | 1 | 2 | 3 | 4 | 5 |
| 9. 购买该农资品牌产品比较经济实惠 | 1 | 2 | 3 | 4 | 5 |
| 二、品牌锁定购买行为的测量 | | | | | |
| 1. 在未来，我会长期购买该农资品牌产品 | 1 | 2 | 3 | 4 | 5 |
| 2. 当再次购买农资产品时，我习惯购买该农资品牌 | 1 | 2 | 3 | 4 | 5 |
| 3. 在近期，我不打算更换该农资品牌 | 1 | 2 | 3 | 4 | 5 |
| 4. 我会向我的亲戚朋友推荐该农资品牌产品 | 1 | 2 | 3 | 4 | 5 |
| 三、品牌锁定购买行为情境因素的测量 | | | | | |
| 1. 我周围的很多农户使用该农资品牌产品 | 1 | 2 | 3 | 4 | 5 |
| 2. 我周围其他农户多次购买该农资品牌产品 | 1 | 2 | 3 | 4 | 5 |
| 3. 我周围其他农户推荐我购买该农资品牌产品 | 1 | 2 | 3 | 4 | 5 |
| 4. 我信赖该农资品牌产品 | 1 | 2 | 3 | 4 | 5 |
| 5. 我习惯使用该农资品牌产品 | 1 | 2 | 3 | 4 | 5 |
| 6. 如更换该农资品牌，我将很难找到满足我所需的其他农资品牌 | 1 | 2 | 3 | 4 | 5 |
| 7. 该农资品牌在整体上明显优于其他品牌 | 1 | 2 | 3 | 4 | 5 |
| 8. 与其他品牌相比，该农资品牌更吸引我 | 1 | 2 | 3 | 4 | 5 |
| 9. 与其他品牌相比，该农资品牌给我留下更好的印象 | 1 | 2 | 3 | 4 | 5 |

## Part Ⅲ  零售店锁定购买行为的影响因素

1. 在购买农资产品时，您是否看重零售店？ _____

2. 您在一段时间内经常光顾的农资零售店有哪些（家）？ _____

   您已连续光顾这些（家）农资零售店 _____ 年。

3. 对以下说法您是否同意（1 很不同意，2 不同意，3 一般，4 同
   意，5 很同意）。

| 一、零售店感知形象的测量 | | | | | |
| --- | --- | --- | --- | --- | --- |
| 1. 该零售商的服务态度很好 | 1 | 2 | 3 | 4 | 5 |
| 2. 该零售店能提供及时主动的服务 | 1 | 2 | 3 | 4 | 5 |
| 3. 该零售商会通过一定方式针对其产品出现的问题为顾客提供补偿 | 1 | 2 | 3 | 4 | 5 |
| 4. 该零售店提供的农资产品质量较好 | 1 | 2 | 3 | 4 | 5 |
| 5. 该零售店提供的农资产品价格我能接受 | 1 | 2 | 3 | 4 | 5 |
| 6. 该零售店提供的农资产品品种较丰富 | 1 | 2 | 3 | 4 | 5 |
| 7. 很容易在该零售店找到需要的农资产品 | 1 | 2 | 3 | 4 | 5 |
| 8. 在该零售店购买农资产品时可以赊账 | 1 | 2 | 3 | 4 | 5 |
| 9. 去该零售店购买农资产品很方便 | 1 | 2 | 3 | 4 | 5 |
| 10. 该零售店整体形象好，值得信赖 | 1 | 2 | 3 | 4 | 5 |
| 11. 周围的亲朋好友都知道该零售店 | 1 | 2 | 3 | 4 | 5 |
| 12. 周围的亲朋好友对该零售店的反映很好 | 1 | 2 | 3 | 4 | 5 |
| 二、人情关系质量的测量 | | | | | |
| 1. 该零售商对农资品牌有较深的了解 | 1 | 2 | 3 | 4 | 5 |
| 2. 该零售商农资产品使用经验丰富 | 1 | 2 | 3 | 4 | 5 |
| 3. 该零售商为人诚实可信 | 1 | 2 | 3 | 4 | 5 |
| 4. 我与该零售商相处融洽 | 1 | 2 | 3 | 4 | 5 |
| 5. 我把该零售商看成我的朋友 | 1 | 2 | 3 | 4 | 5 |
| 6. 如果不光顾该零售店，我会不好意思 | 1 | 2 | 3 | 4 | 5 |
| 7. 如果不光顾该零售店，这对我和店主的关系有影响 | 1 | 2 | 3 | 4 | 5 |
| 三、零售店锁定购买行为的测量 | | | | | |
| 1. 在未来，我会长期到该零售店购买农资产品 | 1 | 2 | 3 | 4 | 5 |

| | | | | | |
|---|---|---|---|---|---|
| 2. 当再次购买农资产品时，我习惯到该农资零售店购买 | 1 | 2 | 3 | 4 | 5 |
| 3. 在近期，我不打算更换该农资零售店 | 1 | 2 | 3 | 4 | 5 |
| 4. 我会向我的亲戚朋友推荐该零售店 | 1 | 2 | 3 | 4 | 5 |
| 四、零售店锁定购买行为情境因素的测量 | | | | | |
| 1. 我周围的很多农户到该零售店购买农资产品 | 1 | 2 | 3 | 4 | 5 |
| 2. 我周围其他农户多次到该零售店购买农资产品 | 1 | 2 | 3 | 4 | 5 |
| 3. 我周围其他农户推荐我到该零售店购买农资产品 | 1 | 2 | 3 | 4 | 5 |
| 4. 我信赖该农资零售店 | 1 | 2 | 3 | 4 | 5 |
| 5. 我习惯到该农资零售店购买农资产品 | 1 | 2 | 3 | 4 | 5 |
| 6. 如更换该农资零售店，我将很难找到满足我所需的其他农资零售店 | 1 | 2 | 3 | 4 | 5 |
| 7. 该农资零售店在整体上明显优于其他零售店 | 1 | 2 | 3 | 4 | 5 |
| 8. 与其他零售店相比，该农资零售店更吸引我 | 1 | 2 | 3 | 4 | 5 |
| 9. 与其他零售店相比，该农资零售店给我留下更好的印象 | 1 | 2 | 3 | 4 | 5 |

## Part Ⅳ  锁定购买行为的其他影响因素

对以下说法您是否同意（1 很不同意，2 不同意，3 一般，4 同意，5 很同意）。

| | | | | | |
|---|---|---|---|---|---|
| 农资品牌和农资零售店整体差异度的测量 | | | | | |
| 1. 现在市场上此类农资产品的质量差异性很大 | 1 | 2 | 3 | 4 | 5 |
| 2. 现在市场上此类农资产品的价格相差很大 | 1 | 2 | 3 | 4 | 5 |
| 3. 现在市场上购买此类农资产品所花费的成本差异性很大 | 1 | 2 | 3 | 4 | 5 |
| 4. 现在市场上此类农资产品的信誉相差很大 | 1 | 2 | 3 | 4 | 5 |

| | | | | | |
|---|---|---|---|---|---|
| 5. 总体而言，现在市场上我所了解的农资品牌差异性很大 | 1 | 2 | 3 | 4 | 5 |
| 6. 现在市场上农资零售店提供的产品质量差异性很大 | 1 | 2 | 3 | 4 | 5 |
| 7. 现在市场上农资零售店提供的产品价格相差很大 | 1 | 2 | 3 | 4 | 5 |
| 8. 现在市场上农资零售店提供的服务差异性很大 | 1 | 2 | 3 | 4 | 5 |
| 9. 现在市场上农资零售店的声誉相差很大 | 1 | 2 | 3 | 4 | 5 |
| 10. 总体而言，现在市场上我所了解的农资零售店差异性很大 | 1 | 2 | 3 | 4 | 5 |

# 农户农资锁定意识对在线购买模式影响的调查问卷

问卷编号_____

尊敬的农民朋友：

您好！我们是"农户农资购买行为"研究课题组。请您于百忙之中抽出 15 分钟左右的时间帮助完成此问卷，您的帮助是此项研究得以顺利进行的保证。您的回答将绝对保密，仅用于学术研究，希望能得到您的支持与配合。谢谢！

## Part Ⅰ　被调查者的基本情况

1. 性别_____ 年龄_____ 文化程度_____ 住址_____ 省_____ 市_____ 县_____ 镇（乡）_____ 村。

2. 您家种植农作物有_____亩，有_____亩是您自家的田，您未来愿意种植_____亩田，您种植的农作物类型是_____，种植用途是_____，您有_____年的耕作经验。

    您年均收入为_____元，种植收入约占您家年收入_____

_____ % 。

您是否在外务工 _____ ，务工时长 _____ 月。

3. 您一般提前多长时间_____ （天）购买种子；_____ （天）购买农药；_____ （天）购买肥料。

4. 农资产品的购买对您的生产生活影响很大_____ （1 很不同意，2 不同意，3 一般，4 同意，5 很同意）。

## Part II 农户农资在线购买模式的影响因素

1. 在购买农资产品时，您看重品牌_____ 您对主要农资品牌产品熟悉_____ （1 很不同意，2 不同意，3 一般，4 同意，5 很同意）。

2. 您在一段时间内经常购买的农资品牌产品有哪些（种）？ _____ _____请分别写出并标明这些品牌产品的类型：A 种子 B 农药 C 肥料 D 其他（农机农具、饲料等） _____ 。您已连续购买这些农资品牌产品_____ 年。

3. 在购买农资产品时，您是否看重零售店？ _____

4. 您在一段时间内经常光顾的农资零售店有哪些（家）？ _____ _____您已连续光顾这些（家）农资零售店_____ 年。一般您到该零售店购买的农资产品类型是_____ （A 种子 B 农药 C 肥料 D 其他_____ ）。

5. 您是否听说过或了解农资网络购物或农资电商？ _____ 您是否愿意在网络上购买农资产品？ _____ 您倾向于或已经通过网络购买的农资产品名称是_____ ，类型是 __ _____ 。

6. 对以下说法您是否同意（1 很不同意，2 不同意，3 一般，4 同意，5 很同意）。

| 一、锁定意识的测量 [注：以下这些（种）品牌均指第 2 题所选，这些（家）零售店均指第 4 题所选] | | | | | |
|---|---|---|---|---|---|
| 1. 在近期，我没有随便更换这些（种）农资品牌的打算 | 1 | 2 | 3 | 4 | 5 |
| 2. 当需要农资产品时，我首先想到的是这些（种）农资品牌 | 1 | 2 | 3 | 4 | 5 |
| 3. 当再次购买农资产品时，我已经有选择这些（种）农资品牌的倾向 | 1 | 2 | 3 | 4 | 5 |
| 4. 在未来，我打算长期在这些（种）农资品牌中选择所需的农资产品 | 1 | 2 | 3 | 4 | 5 |
| 5. 在近期，我没有随便更换这些（家）农资零售店的打算 | 1 | 2 | 3 | 4 | 5 |
| 6. 当需要农资产品时，我首先想到的是这些（家）农资零售店 | 1 | 2 | 3 | 4 | 5 |
| 7. 当再次购买农资产品时，我已经有光顾这些（家）农资零售店的倾向 | 1 | 2 | 3 | 4 | 5 |
| 8. 在未来，我打算长期去这些（家）农资零售店选购所需的农资产品 | 1 | 2 | 3 | 4 | 5 |
| 二、信息处理模式的测量 | | | | | |
| 1. 我会尽可能地多收集和了解这些农资品牌（零售店）的相关信息 | 1 | 2 | 3 | 4 | 5 |
| 2. 我会将这些农资品牌（零售店）信息与其他相关的信息进行比较 | 1 | 2 | 3 | 4 | 5 |
| 3. 我会花费较多时间来认真考虑这些农资品牌（零售店）信息 | 1 | 2 | 3 | 4 | 5 |
| 4. 我会在已经知道的这些农资品牌（零售店）中购买农资产品 | 1 | 2 | 3 | 4 | 5 |
| 5. 我会通过其他人对这些农资品牌（零售店）的意见来选择农资产品 | 1 | 2 | 3 | 4 | 5 |

续表

| | | | | | |
|---|---|---|---|---|---|
| 6. 我不太愿意花费较多时间来处理这些农资品牌（零售店）的复杂信息 | 1 | 2 | 3 | 4 | 5 |
| 三、在线购买模式的测量 | | | | | |
| 1. 我愿意自己在网站上购买这些（种）农资品牌产品 | 1 | 2 | 3 | 4 | 5 |
| 2. 如有购买需求，我会想到可以自己在网站上购买这些（种）农资品牌产品 | 1 | 2 | 3 | 4 | 5 |
| 3. 如有可能，我会自己在网站上购买这些（种）农资品牌产品 | 1 | 2 | 3 | 4 | 5 |
| 4. 我愿意通过服务站购买这些（种）农资品牌产品 | 1 | 2 | 3 | 4 | 5 |
| 5. 如有购买需求，我会想到去服务站购买这些（种）农资品牌产品 | 1 | 2 | 3 | 4 | 5 |
| 6. 在未来，我会选择去服务站购买这些（种）农资品牌产品 | 1 | 2 | 3 | 4 | 5 |
| 四、情境脆弱性的测量 | | | | | |
| 1. 我觉得网购农资的风险很大 | 1 | 2 | 3 | 4 | 5 |
| 2. 我觉得网购农资所出现的问题可能发生在自己身上 | 1 | 2 | 3 | 4 | 5 |
| 3. 我担心网购农资一旦出现问题，解决起来不太方便 | 1 | 2 | 3 | 4 | 5 |

# 作者科研成果

## 一、科研项目（均为主持人）

1. 国家自然科学基金项目，71962022，网购情境下农户农资锁定效应的形成机理与影响后效：基于依恋理论的系统视角，在研，主持

2. 江西省社会科学规划项目，19GL39，互联网下江西农产品零售商多渠道协同模式的选择机制及绩效优化研究，在研，主持

3. 江西省高校人文社会科学研究项目，GL19243，绿色地理标志对江西农产品品牌资产的影响机制及优化策略研究，在研，主持

4. 江西省教育科学规划项目，19YB014，提升学业挑战度对大学生创新能力的影响效果及干预策略研究，在研，主持

5. 江西省学位与研究生教育教学改革研究项目，JXYJG－2019－027，"三全育人"目标下管理类学术研究生"三德"育人模式研究，在研，主持

6. 江西省高等学校教学改革研究课题，JXJG－19－1－30，基于浸润式教学法的高校一流专业课程思政改革，在研，主持

7. 南昌大学校级教学改革研究课题，NCUJGLX - 19 - 50，基于浸润式教学法的《人力资源管理》课程全方位思政改革与实践，在研，主持

8. 南昌大学校级"课程思政"示范建设课程项目（《人力资源管理》），在研，主持

## 二、代表性论著（均为第一作者）

1. 孙娟，李艳军．农户农资产品锁定购买行为形成机理的实证研究——基于山东省、湖北省和四川省的差异分析［J］.管理评论，2018，30（2）：146 - 158.（CSSCI 刊源，国家自然科学基金委认定权威期刊 A，中国科学院大学主办）

2. 孙娟，李艳军．权力与公平：社会网络嵌入对农资零售商知识转移影响机理的实证研究——基于 SEM 的传统渠道和电商渠道情境的差异分析［J］.管理工程学报，2019，（4）：10 - 18.（CSSCI 刊源，国家自然科学基金委认定权威期刊 A）

3. 孙娟，李艳军．社区信任中介下社区感知对农户品牌行为的影响研究［J］.农业技术经济，2016，（2）：103 - 112.（CSSCI 刊源，教育部认定权威期刊 A）

4. 孙娟，李艳军．心甘情愿还是情非所愿？——农户农资产品锁定购买行为的驱动因素研究［J］.经济管理，2014，36（11）：81 - 93.（CSSCI 刊源，国家社会科学基金资助期刊，中国社会科学院工业经济研究所主办）

5. 孙娟，李艳军．公平感知对农资零售商知识转移的影响：心理契约的中介作用［J］.南京农业大学学报（社会科学版），2019，（3）：138 - 146 + 160.（CSSCI 刊源，国家社会科学基金资

助期刊)

6. 孙娟, 包玉泽, 李艳军."互联网+"情境下农资网购的"情·理·法":农户在线信任构建机制的实证研究 [J]. 财经论丛, 2016,(12): 82 – 93.(CSSCI 刊源)

7. 孙娟, 李艳军. 植入广告传播效果及影响因素: 品牌资产的视角 [J]. 广东财经大学学报, 2015,(3): 64 – 73.(CSSCI 刊源)

8. 孙娟, 李艳军. 农业现代化的新方向: 社区支持农业的发展及政策建议 [J]. 农村经济, 2015,(8): 84 – 88.(CSSCI 刊源)

9. 孙娟, 李艳军."一村一品, 一乡一业"现代农业经营模式发展概况与对策研究——以武汉市黄陂区六指街道为例 [J]. 湖北农业科学, 2014, 53 (22): 5575 – 5578.(北大核心期刊)


**三、获奖荣誉 (均为第一作者)**

1. 中国营销科学年会(JMS)甘碧群论文优秀奖
2. 全国农林高校哲学社会科学发展论坛优秀论文一等奖
3. 深港澳台南山学术论坛优秀论文二等奖
4. 湖北省市场营销年会优秀论文一等奖
5. 湖北省市场营销年会优秀论文二等奖
6. 湖北省市场营销年会优秀论文三等奖 (5 次)
7. 湖北省自然科学优秀论文二等奖
8. 湖北省自然科学优秀论文三等奖 (2 次)


**四、学术汇报 (均为第一作者)**

1. 第十三届中国营销科学年会(JMS), 承办: 北京大学.《社会网络嵌入对农资零售商知识转移影响机理的实证研究》(分

会场报告）

2. 第六届全国农林高校哲学社会科学发展论坛，承办：华南农业大学。《农户农资产品锁定购买行为的驱动因素研究》（分会场报告）

3. 第七届深港澳台南山学术论坛，承办：北京大学深圳研究生院。《农户锁定购买行为及其影响因素初探与研究展望》（分会场报告）

4. 第五届技术管理与创新国际学术会议，承办：清华大学。*Lock-in Brands or Lock-in Stores? The Farmers' Characteristics Analysis of Different Lock-in Purchasing Behavior Pattern of Agricultural Materials*（分会场报告）

5. 第十届中国管理学年会，承办：合肥工业大学。《农户农资产品锁定购买行为形成机理的实证研究》（分会场报告）

6. 第十一届中国营销科学年会（JMS），承办：厦门大学。《锁定品牌还是锁定店铺？不同农资锁定购买行为模式的农户特征分析》（分会场报告）

7. 第四届中国市场营销国际年会（CMIC），承办：中国石油大学（华东）。《农资网购的"情·理·法"：农户在线信任形成机理的实证研究》（分会场报告）

8. 第三届中国市场营销国际年会（CMIC），承办：西安交通大学。《农资品牌社区感知对农户品牌行为的影响：不同主体信任的中介作用》（分会场报告）

9. 第三十五届中国高校市场学研究会（CMAU），承办：南开大学。《社会网络嵌入对农资零售商知识转移影响机理的实证研究》（分会场报告）

10. 第十七届湖北省市场营销年会，承办：湖北中医药大学。《锁定品牌还是锁定店铺？不同农资锁定购买行为模式的农户特征分析》（分会场报告）

11. 第十六届湖北省市场营销年会，承办：武汉工程大学。《入眼到入心：基于品牌资产的植入广告传播效果研究》（分会场报告）

12. 第十九届湖北省市场营销年会，承办：江汉大学。《过程比结果更重要：公平感知对农资零售商知识转移影响的实证研究》（分会场报告）

13. 第十八届湖北省市场营销年会，承办：武汉理工大学。《农资市场锁定效应：农户锁定购买行为影响机制的实证研究》（分会场报告）

# 后 记

　　岁月犹如雁过无痕一般，却见证了我的科研探索与思维成长之路。徜徉在学术知识的海洋里，曾因为一闪而过的灵感瞬间而几度激动得深夜奋笔疾书，生怕它会从我脑海里悄悄溜走；也曾因为对某一交易现象的强烈求知而多次扎根于中国农村大地，只为求解出它的"来龙去脉"。求索之途，承载着太多我对知识的渴求与兴趣，记录着太多我对研究的激情与付出，更蕴含着太多我对真理的执着与憧憬。回首过往，来时那路已渐渐模糊，青涩那影已渐渐消逝，留下的却是不朽的记忆和深刻的思考。

　　**起：有趣的研究问题在哪里？**

　　初踏学术之路，我怀着对科学理论的一点敬畏就开始了征途。刚开始，一切都是新鲜的、美好的，每每读到经典著作时会感慨写作思路之奇特，每每讨论权威文献时会赞叹研究设计之巧妙，这让初入学途的我足以感受到学术研究的魅力所在。然而，学术研究不能仅仅是阅读、讨论和欣赏，更重要的是发现与创作。虽然我的确从这些著作或文献中获益颇多，但随着阅读量的不断增加，我愈发明白，要想找到一个令人兴奋的研究问题是如此之难，而一个好的研究问题对于研究学者而言又显得如此重要。于是，我开启了一段苦觅研究问题的旅程。

**承：严谨的科学研究该如何设计？**

好的研究问题，绝不是凭空遐想、闭门造车，得来源于对现实生活的观察与思考、对亲身经历的反思与探究。我的恩师李艳军教授就经常鼓励我要多深入农村生活、多观察农户行为。我几乎每年寒暑假都会赴中国几个典型农业大省进行大规模的数据调研，每次调研会在村庄里待上好几十天，和农户就其购买心理或行为做深度访谈，以寻找一个有趣的研究问题。终于，我在一次整理农户访谈资料时发现，有些农户购买农资产品时比较注重品牌，并且在一段时间内总是会购买某一种或几种固定的品牌产品，认为这些品牌是得到众多购买者认可的；而有些农户在购买农资产品时比较看重零售店，比较喜欢惠顾某一家或几家固定的零售店，认为这些熟悉的零售店能为产品购买者提供较高的质量保障，如果出现问题可随时找零售商索赔。这种交易现象引起了我的兴趣：为什么农户购买农资时会在几个相对固定的品牌或零售店中进行选择？为什么不同农户购买农资的选择标准会有所不同，有些看重品牌，有些看重零售店？

带着对这些问题的思考，我渴求能在现有文献中寻找到确定的答案。然而，目前有关顾客购买行为理论的研究主要关注品牌价值、店铺形象等直接因素的重要影响，这些因素显然不能揭示这种特殊现象背后的深层原因，而顾客锁定理论在研究情境、视角、方法等多方面与我所要探究的研究问题存在较大的差异，因此这些理论仍不能很好地解释农户这一特定的农资购买行为。这立刻让我兴奋起来，这不就是一个很好的研究问题吗？毫无疑问，探讨这一问题将对深化现有顾客行为理论具有重要的理论意义，对指导企业开展有效的营销活动和政府实施乡村振兴战略具有可借鉴的实践意义。正当我激动不已的时候，接下来的问题又让我陷入了沉思：那么我该如何去设计研究来解释这个现象呢？

**转：现有理论与实际问题之间该如何对话？**

要想回答这个问题并不容易。首先是该如何界定这种行为现象。我曾经查阅了习惯性或重复性购买、顾客忠诚等相关文献，虽然这些概念在某些方面与农户这种行为很相似，但在购买情境、形成原因、行为表现上存在些许不同，因此我放弃了沿用已有概念的想法。我也曾经与多位相关领域专家就此进行了讨论，分别是华中农业大学李艳军教授、孙剑教授、青平教授以及审阅相关论文的一些匿名评审专家，考虑到研究情境和购买主体的特殊性，他们均建议我在现有理论的基础上重新定义这一有趣的新现象。于是，我试图用锁定购买行为这一概念来阐述农户这种特定的行为，并在借鉴相似量表和深度访谈的基础上依据研究问题实际进行了适当修正，通过开展预调查而最终开发了这一概念的测量量表。

接下来的问题就是解释农户形成这种行为的原因。农户锁定购买行为之所以特殊，是与其所处的乡村社会及农资购销环境息息相关的，因此如果还是选用普通消费者购买行为的影响因素进行研究显然不合适。这使得我不得不试图打破大多数研究偏重顾客内部因素分析的窠臼，并开始关注这种行为背后的情境因素。这一研究视角的确立为探究农户农资锁定购买行为的影响因素及形成机理指明了正确的研究方向、打开了广阔的研究空间。那么后续实证分析农户农资锁定意识对在线购买模式的效应机制也就顺理成章了。而这一切思考的结果，均得益于深扎农村大地、深思农村现象的努力，并让我于无数个苦思冥想的夜里得到了思想上的升华，也使得本专著成果具有鲜明的中国乡村本土研究特色。

**合：真挚的谢意该如何表达？**

虽然，对科学问题本身的研究兴趣足以让我坚持不懈地追求真理，是我一直以来专注于探究农户锁定购买行为这一有趣课题的重要原因，但师生之情、朋友之谊在求真的路途上弥足珍贵，也是我不懈追求的动力源泉。无论是学术之疑，还是生活之困，他们总能适时出现并给予我最大的帮助和理解。还有那些一直默默关注我、真心帮助我的可爱的人们，尽管在此难以全部列出你们的姓名，难以一一道出我对你们的感激之情，但你们曾经给予我精神上的安慰与理解使我在求知求学的路上从不孤单、勇往直前。在此，谨向所有关心和支持我成长的老师、同学和朋友们表示衷心的感谢！

在本书撰写过程中参考和引用了国内外许多相关文献，在此谨向上述文献的作者表达谢意；本书的出版得到了国家自然科学基金项目、江西省社会科学规划项目、江西省高校人文社会科学研究项目、江西省教育科学规划项目等多项基金的支持，在此表示感谢；在书稿编辑出版过程中，社会科学文献出版社的多位老师为此付出了艰辛的劳动，在此一并表示感谢。

最后，我要特别感谢我的家人。没有你们的无私奉献、包容和支持，我恐怕很难走完过去的几十年，也就无法成就今天的自我。你们的期望将永远照亮我的人生前程，将永远是我不懈追求的精神动力，我将怀着最真挚的感恩之情继续在学术之路上"上下而求索"！

图书在版编目（CIP）数据

农户农资锁定购买行为：理论与实证／孙娟著. --
北京：社会科学文献出版社，2020.11
ISBN 978 - 7 - 5201 - 7499 - 2

Ⅰ. ①农… Ⅱ. ①孙… Ⅲ. ①农业生产资料 - 购买行
为 - 研究 - 中国 Ⅳ. ①F724.74

中国版本图书馆 CIP 数据核字（2020）第 203993 号

## 农户农资锁定购买行为：理论与实证

著　　者／孙　娟

出 版 人／谢寿光
责任编辑／高　雁
文稿编辑／胡　楠

出　　版／社会科学文献出版社·经济与管理分社（010）59367226
　　　　　地址：北京市北三环中路甲29号院华龙大厦　邮编：100029
　　　　　网址：www.ssap.com.cn
发　　行／市场营销中心（010）59367081　59367083
印　　装／三河市龙林印务有限公司

规　　格／开　本：787mm×1092mm　1/16
　　　　　印　张：13.25　字　数：155千字
版　　次／2020年11月第1版　2020年11月第1次印刷
书　　号／ISBN 978 - 7 - 5201 - 7499 - 2
定　　价／128.00元

本书如有印装质量问题，请与读者服务中心（010 - 59367028）联系